ソニーのトップエンジニアが教える

中堅・中小企業のための

AI 導入・活用の教科書

ソニーフィナンシャルグループ株式会社
テクノロジーセンター　ゼネラルマネジャー
Corporate Distinguished Engineer

豊島 顕

IMPLEMENTATION OF ARTIFICIAL INTELLIGENCE

日本実業出版社

✦ はじめに

● AI時代は中堅・中小企業にこそ大いなる追い風

　私の所属するソニーフィナンシャルグループのソニー生命保険株式会社には、ライフプランナーという生命保険・金融のプロフェッショナルがいます。ITのバーチャルな世界、そしてプログラム言語で日々対話している私にとって、彼ら彼女らは現実社会に連れ出してくれるかけがえのない存在でもあります。

　日々、ライフプランナーと会話を重ねるなかで、顧客である中堅・中小企業の経営者やそこで働いている社員の多くが、「AI」との向き合い方に対して不安を抱いていることを知りました。AIとは、Artificial Intelligence（人工知能）の略です。コンピュータがデータをもとに学習（パターンや規則性を抽出）し、推論や判断を行なうなど人間の知的能力を模倣する技術を意味します。

　詳しくは本文で触れますが、コンピュータの世界では長年、機械学習や自然言語処理などの研究が進み、予測分析や画像・音声認識などの分野では実用化もされてきました。そして、ついに2023年にChatGPTが広まると、その自然な対話能力や高度な文章生成能力が注目を集め、マスメディアはこぞって「人間を超える」と煽り、そこから極端にAIの話題に触れることが増えた気がします。

　そこで私には「AI時代は中堅・中小企業にとって大いなる追い風ではないか」という強い想いが湧き上がってきたのです。

　私は研究者ではなく、現場叩き上げのエンジニアです。AI・DXという言葉が流行する前から、ITの現場で活動し、ときには自ら開発を行ない、ときにはアドバイザーとして経営者を支えるなど、様々な立場でテクノロジーと向き合ってきました。

　そんな私にとって、大企業の安定感はAI時代には必ずしもプ

ラスに働かないのではないかと感じる場面が増えてきました。いろいろなプロジェクトを通じて、「小回りの利く会社であればうまくいくのに」と思うことが増えてきたからです。

AI導入は従来のシステム開発とは異なり、試行錯誤を行ないながら前進していきます。大企業というのは大きな船ですから、度重なる会議や厳重な決裁・承認プロセスがつきものですが、それらは方向転換の妨げになり、目の前にある障害をクリアするのにも一苦労です。一方、小型船であれば、敏感に海面の状態を感じ取り、スピーディに動くことができるのです。

実際に私の経験からしても、AI導入のインパクトは大企業に軍配が上がるものの、最先端のAIを導入し、いち早く目的地に到達できるのは小回りの利く組織だと感じています。だとすれば、これからのAI時代には、むしろ中堅・中小企業のほうにチャンスが広がっているように思うのです。

その事実をわかりやすく伝え、AIのポジティブな側面に気づいてもらいたい。いまやDXの中心地となったAIをよく知ることができれば、きっとこのムーブメントを前向きに捉え、将来を見据えて明るく働けるはずです。

私は自分の職業を問われたとき、エンジニアではなく、「テクノロジーエバンジェリスト」と答えます。エバンジェリストとは、伝道師という意味で使われる言葉ですが、AIの本当の価値を伝えることで、世の中を前に進めたい、そして、働く人が元気になれば日本は元気になる、という思いで日々の仕事にあたっています。

AIがあまりにもセンセーショナルに取り上げられ始めたためか、その有効性や経済的な価値に懐疑的な意見も出ているようですが、近い将来、世界中の誰もがAIを使う時代が必ずきます。現在でも大企業ではすでに業務の効率化だけでなく、新たなビジネス機会の創出に向けてAIが活用されていますが、今後、それは大企業だけの話にとどまらなくなるでしょう。AIの導入コス

トが劇的に下がっていくなかで、企業規模によるAI格差はなくなり、社員一人ひとりの能力がAIによって何倍にも拡張されていく未来が容易に想像できます。まさにAIは中堅・中小企業にとっての力強いパートナーになるのです。

● AIはDXのメインエンジン

現在、ビジネスの現場でパソコンは欠かせないものとなっています。1980年代後半から1990年代にかけて、ワープロやパソコンが事務系の職場に導入され始め、2000年代に入るとインターネットの普及により、情報検索やメールでのコミュニケーションが日常化しました。こうした業務効率化の流れは、かつて「IT化」と呼ばれ、近年では「DX（デジタルトランスフォーメーション）」といわれるようになって、かつてより広範なビジネス変革を促す概念へと発展しています。AIの導入・活用も、この流れの延長線上にあり、DXをさらに加速させる重要な要素として位置づけられています。

DXとは、企業がデジタル技術を活用して、業務プロセスを変革したり、新しいビジネスモデルを生み出したり、組織全体を継続的に進化させていく取り組みです。たんなるIT化とは一線を画します。このDXという大きな変革を旅路にたとえるならば、目的地にいち早く到達し、その歩みを加速させるための最も強力なエンジンがAIであることは間違いありません。AIを制するものが、DXを制するといっても過言ではない時代に突入しました。

ソフトバンクグループの創業者である孫正義氏は、「SoftBank World 2022」のスピーチのなかで、「いますぐDX・AI化を」と訴え、「AI革命こそがDXの行き着く先だ」と宣言しました。まさにその言葉どおり、DXからAX（AIトランスフォーメーション）へというのが時代の流れであり、多くの企業がいま、AI革命へと踏み出そうとしています。

これから企業のビジネス変革を語るうえで、AIを抜きにして

話を進めることはむずかしいのです。たんにITシステムを導入し業務をデジタル化するだけでは十分ではありません。AIがこれらのシステムで生成された膨大なデータを処理し、そこから新たな価値を生み出すことで、真の変革がもたらされるのです。

　本書では、従来から議論されているDXの要諦や基礎的な進め方については他書に譲り、AI活用、そしてAIトランスフォーメーションに焦点を当て、AIを活用したDXのポイントをわかりやすく解説していきます。とくに、近年注目を集める生成AIは、その高度な能力によって企業のDX手法を大きく変える可能性を秘めています。本書では、こうした最新動向も踏まえ、中堅・中小企業がAI活用を成功させるための具体的な戦略や事例を紹介し、より効果的にその恩恵を受けるための道筋を提示します。

● 「うちの会社にAIは無理」という人にこそ読んでほしい

　「うちの会社はAIなんてまだ無理」、「デジタル化すらできていないから遠い話」と思っている方は多いことでしょう。しかし、そのような方にこそぜひとも本書を読んでほしいのです。なぜなら、いままさに、AIは思っているよりもずっと身近で、誰でも活用できる道具になっているからです。また、AI導入を目指すことにより、社内にデータを使った判断や意思決定を行なう文化が自然と醸成され、DXが進んでいくことは間違いないからです。

　本書はAIの初学者に向けて書いた本です。なるべく丁寧に、かつ専門用語を控えめに、あなたのそばで語りかけるように書き下ろしました。また、進化が激しいAI分野にあっても長く本書を手元に置いていただけるように、私の現場体験から抽出したナレッジをふんだんに盛り込みつつ、なるべくその核となる部分に注目しているところが特長です。私がAIの講義やセミナーに登壇した後に、「初めてAIを理解できました」と感謝のコメントをいただくと、この仕事をやっていて良かったと心から感じることができます。もし本書を読んで、初学者の方が少しでもAIに対

する理解を深めていただけるのであれば著者冥利に尽きます。さらに、本書をきっかけにAI導入・活用へのはじめの一歩を踏み出していただけるのであれば望外の喜びです。

　一方、AIの導入経験が豊富で、すでに基礎知識をお持ちの方には少し物足りない内容かもしれません。ましてや、研究者やエンジニア向けの本ではありません。AIのテクニカルな開発・実装方法やアカデミックなアプローチをお求めの方には、もっと良い専門書は世の中にたくさんあります。私自身も素晴らしい書籍にこれまで何度も助けられてきましたので、そうした書籍をお読みいただければと思います。また、昨今話題のChatGPTの使い方や、明日から使えるノウハウにフォーカスを当てた本ではないこともあわせてお伝えしておきます。

● テクノロジーの進化は止まらない

　テクノロジーの世界ではフランスの思想家ジュール・ヴェルヌの名言が度々引用されます。「人間が想像できることは、人間が必ず実現できる」。私が少年のころ、映画「Back to the Future」を最初に観たときに、こんな未来がくるとわくわくしたことを思い出します。一説によると、この映画に登場した未来のテクノロジーのいくつかは再現可能といわれています。

　映画のなかで、トーマス・F・ウィルソンが演じるビフがタクシー料金を支払うために指紋認証を使用する場面がありますが、現代では指紋どころか、非接触の顔認証によりあらゆる認証が可能になりました。このように人間の想像によって生み出された技術は次第に低コストで利用できるようになり、生活のなかに自然に溶け込んでいきます。本文でも少し触れますが、この仕組みの裏側には多数のAIが関わっているのです。すでに私たちはAIとともに生活しているといえます。

　人間の持つ想像力を抑制することは不可能であり、テクノロジーの進化も止めることはできません。そして、新しく登場した技

術を、なかったことにすることもできないのです。歴史を見ても、文明が崩壊するような大きな出来事がない限り、一度でもテクノロジーによる利便性を享受したら、昔の時代に後戻りすることはありません。その事実から目を背けずに、決して恐れることなく、自分自身をアップデートしていくことが何よりも大切です。

　私たち人間は、見えないものを恐れる生き物です。雷鳴が轟く空に祈りを捧げた太古の人々にとって、雷は、理解不能で恐ろしい存在だったのでしょう。私自身の例をいえば、子どもの頃、テレビのリモコンを手に持ち、チャンネルを変えたり音量を調節したりするたびに、不思議な気持ちになったことを思い出します。もしかしたら、テレビだけではなく、あらゆる物が調節できてしまうのではないかと、幼い私はどこか畏怖の念を抱いていました。時は流れ、奇天烈な妄想を抱いていた少年もAIに対して不安を感じることはありません。なぜなら、中身を知っているからです。

　その仕組みが見えず、理解できないからこそ、私たちはAIに漠然とした不安を抱いてしまうのではないでしょうか。AIの正体を知ることができれば、懐疑心や不安感は薄れていき、地に足のついた議論ができるはずです。しかし一方で、非エンジニアの方が、AIの仕組みをすべて理解する必要はありません。自動車の細かい技術を知らなくても、燃料はガソリンという基礎知識、アクセル・ブレーキ・ハンドルの操作方法といった基本を押さえれば、好きなところにドライブに行くことができます。AIもこれと同じです。

●AIを大いに活用していくために

　AIはビジネスの世界でも顧客対応や業務効率化、製品開発など、様々な分野で活用され、私たちの生活をより便利で快適にするだけでなく、新しいビジネスチャンスやイノベーションを生み出す可能性も秘めています。

　第1章では、AIの歴史を振り返るとともに、昨今のAI進展に

おける重要な周辺環境の変化を押さえながら「なぜいま、中堅・中小企業にとってAIが追い風なのか」について述べていきます。これまでAIは二度のブームを経て、その間にはAI研究が下火となった冬の時代も経験しています。現在は第三次AIブームの真っ只中といわれていますが、過去に起こったブームとは何が違うのか、そして、それが決して一過性のトレンドではない理由を、技術的側面から紐解いていきます。先駆者が歩んだ道から始め、これからどうなっていくのかという将来の姿についても見ていきます。

　第2章では、AIを活用していくために、AIは何ができて、何ができないのか、AIの仕組みを把握し、得意分野と苦手分野を理解することで、AIを効果的に活用する「知識の土台」を構築します。AIに関する用語の説明から内部の仕組みまで初学者でもわかるように丁寧に言語化していきます。

　第3章では、実際にビジネス現場で活躍しているAIについて事例を踏まえて説明していきます。AI技術は日々進化しており、私たちの生活や仕事にますます浸透し、生活を支えるインフラのような存在になっていくことが予想されています。かつてはワープロの「かな漢字変換」もAI変換と呼ばれていましたが、いまではそれらをAIと言う人はいません。面白いもので、AI技術は当たり前の存在になると、「AI」と呼ばれなくなります。ですから、あなたの働いている環境で活用していく様々なツールが、「AI」と呼ばれなくなったときが、もしかしたら本当にAIが浸透したときなのかもしれません。

　第4章と第5章では、中堅・中小企業に適したAI戦略とその実践方法について説明します。なぜ大企業よりもAI活用を進めやすいのか、どのようにすればAIを有効活用できるのか、具体的な手法について解説します。実はAIの導入にはある程度のフレームワーク・型（かた）があり、それに従えばどのような企業でも第一歩を踏み出すことができます。

第6章と第7章では、AI導入・活用の現場を成功に導く考え方や心得について、様々な現場での知見をもとに解説します。また、実践で培ったAI企画・導入プロセスについてもご紹介します。

　最も重要なことは、「何のためにAIを活用するのか？」という問いです。リーダーがこの問いに答えられなければ、成功を収めることはできません。AI活用の目的を明確にし、それに基づいた適切な課題を設定すること。そして、AI人材を育成しながら、着実に歩みを進めていくことが大切です。

　一人ひとりがAIと正面から向き合い、活用していくことにより、一つ一つの企業だけでなく社会全体が持続的に成長し、変化に適応しながら新たな価値を創造していく未来を築けるはずです。本書があなたの良い道標（みちしるべ）になりますように強く願いを込めて書きましたので、どうか手にとってご一読いただけましたら幸いです。

　2025年2月

　　　　　　　　　　　　　　　　　　　　　　豊島　顕

CONTENTS

はじめに

- AI時代は中堅・中小企業にこそ大いなる追い風 001
- AIはDXのメインエンジン 003
- 「うちの会社にAIは無理」という人にこそ読んでほしい 004
- テクノロジーの進化は止まらない 005 ● AIを大いに活用していくために 006

第 1 章　なぜいま中堅・中小企業が AIに取り組むべきなのか

SECTION 1
かつては高嶺の花だったAI

まずはAIの歴史をざっと振り返っておくと……

- AI草創期：チューリングマシンと新たな知能 016
- 第一次AIブーム：知性への憧れと試練 017
- 第二次AIブーム：専門家の知識を機械に 019
- 第三次AIブーム：深層学習が拓いた新たな世界 020

現在のAIの頭脳を支える骨格とは？

- 進化を決定づけた3つの要素 021 ● 計算能力の向上と低コスト化 022
- 並列処理による高速化 023 ● クラウドコンピューティングの進化 023

AIを成長させるのは「情報」という名の栄養

- インターネットの普及で情報量が増大 025
- IoTデバイスとセンサーデータが至るところに 026
- ソーシャルメディアとユーザー生成コンテンツが激増 027

SECTION 2
AIは画期的に身近な存在になった

AIは誰もが使える道具になった

- AI開発の敷居を下げた革新的なツール 029
- オープンソースの文化が根付く世界 030 ● 気軽にAIを学べる場が増加 032

いまこそ中堅・中小企業がAIに注目すべきとき
- 中小企業におけるAI活用の実情は? 033
- DXの課題もAIが解決してくれる 035

AIの進化は中小企業への追い風
- AIのほうから人間に近づいてくる 038 ● 必ずしも大量のデータは必要ない 039
- 経営と現場の近さがパワーを生む 041

COLUMN 技術の未来は利用者が決める 043

第2章 これだけは知っておきたい AIの基本

SECTION 1
従来のソフトウェアとAIはどう違うのか

AIにも段階がある
- AIの用語を整理しておこう 046 ● 人工知能（AI：Artificial Intelligence） 048
- 機械学習（Machine Learning） 049 ● 深層学習（Deep Learning） 049
- 生成AI（Generative AI） 050

機械学習の仕組みはこうなっている
- 「機械が学習する」とはどういうことか? 051
- 機械学習と従来型ソフトウェアの違い 055
- 機械学習の使い方を覗いてみよう 057 ● 機械学習に不向きなこと 059

SECTION 2
ディープラーニングで大きく進化したAI

従来のAIとは一線を画す画期的な技術
- 彗星の如く現れたチャンピオン 063 ● 言語化できない特徴を学習する 065
- 人間の脳を模倣した画期的な仕組み 066
- ディープラーニングなら万能というわけではない 068 ● AIの3つの学習方法 069

ついに「自ら創造する」AIが登場
- 生成AIとは何か 073 ● 従来のAIと生成AIの違いは? 075
- 生成AIのメカニズム 078 ● 生成AIを使うときに気をつけたいこと 080

COLUMN 「フィルターバブル」には注意が必要 084

第 **3** 章

ビジネス現場で活躍するAI

SECTION **1**

AIにできること、できないこと

AIができることは「学習の範囲内」にとどまる

- 汎用AIと特化型AI 088 ● AIはコーヒーを淹れることができない？ 090

AI開発に使われるデータの種類について

- 構造化データ：データ分析の定番 093
- 非構造化データ：眠れる情報の宝庫 094

SECTION **2**

AI活用の具体例

AIの活用は3つのカテゴリーに分類される

- 様々な課題に活用されているAI 096
- 予測・分析AI：過去のデータから未来を予測 097
- 認識・識別AI：研ぎ澄まされた視聴覚 100
- 生成・対話AI：会話できる良き相棒 103

AIが抱えるリスク

- 個人情報保護 108 ● 公平性・公正性 109 ● プライバシー 110
- 透明性と説明責任 111

COLUMN AIに代替される仕事とは？ 113

第 **4** 章

中堅・中小企業がAIを導入・活用するための戦略

SECTION **1**

中堅・中小企業がAI導入前に押さえておくべきポイント

キーワードは俊敏性と柔軟性

- 大企業に先んじることも可能 116 ● 内製化ポイントを絞る 117
- ITシステムを3つの種類に分ける 118 ● SoIを中心に内製化を目指す 120

中小企業のメリットを最大限に活かす
- シンプルな組織体制で挑む 121
- 調整コストを極限まで下げる 122
- 経営目標とAI導入の直結 123
- 一人の熱意が企業を変える 124

SECTION 2
低コストかつ柔軟な対応をするために

クラウドサービスの活用は不可欠
- 必要なときに必要なだけ利用できる 126
- クラウドサービスの種類 127
- クラウドをお勧めする理由 129

ノーコードAI開発ツールを使い倒す
- 非エンジニアしかいなくても大丈夫 130
- ノーコードAI開発ツールの利点（その1） 131
- ノーコードAI開発ツールの利点（その2） 132
- 「野良AI」問題とその対策 133

COLUMN シンギュラリティは近い？ 135

第5章 中堅・中小企業がAIを導入・活用するための実践

SECTION 1
中堅・中小企業がAI導入に成功する2つの型

成功には2つの「進め型（かた）」がある
- パソコンが1台あれば始められる 138
- 外観検査AIには個別対応が必要 139

SECTION 2
ロケットスタートを切るための「基盤モデル活用型」

生成AIの導入はハードルが低い
- どんな企業でもいますぐに導入できる 140
- 生成AIを活用できるタスク 141

プロンプトで業務を効率化する
- 生成AIを利用する準備 144
- プロンプトを書くときのコツ 147
- 現場で実践する際のポイント 151

RAGを使ってAIアシスタントをつくる
- まずは社内のサービスとして使ってみる 156
- RAGの仕組み 157
- RAGの実装方法 158
- 法人向け生成AIサービスの要点 161
- exaBase 生成AIの概要 161
- セキュリティ対策がとられている 162

- 初心者でも高度な利用が可能 163
- 初期投資が少なく低コストでスタートできる 164
- 各種サポートが充実している 165

SECTION 3
AIトランスフォーメーションへの道「データ駆動型」

DX のなかでの位置づけは?
- DX は 3 つのステップで進められる 166 ● デジタイゼーション 167
- デジタライゼーション 168 ● デジタルトランスフォーメーション 168

DX の中心地──AI 予測分析
- AI 予測分析には 4 つのタイプがある 169
- Prediction One で始める予測分析 173

AI 予測分析のケーススタディ
- マーケティングのターゲットを抽出したい… 177 ● データ収集 178
- データ可視化 180 ● 予測モデル作成 181 ● 予測モデル評価 183
- 予測モデル改善 187 ● 実務適用 190

COLUMN 余白時間が創造性を育む 193

第 6 章
AIの導入・活用を成功させるために必要な現場ナレッジ

SECTION 1
まずは種（シーズ）の理解から始めよう

シーズスタート・アプローチの進め方
- シーズベースとニーズベースの違い 196 ● 3つのステップで進めていく 198
- ステップ 1：知識習得「AI導入に必要な技術を学ぶ」200
- ステップ 2：課題抽出「ケーススタディと課題洗い出し」200
- ステップ 3：プロトタイピング「実際にAIをつくってみる」201

実践していくうえで大切なこと
- マネジメントの理解は必須 203 ● 大いに理想を語ろう 205
- 解くべき課題を冷静に抽出する 207 ● AI推進担当者に贈る10の言葉 208

SECTION 2
AI推進のための人と組織のあり方

AI導入に求められる「人」とは?

- AI導入を成功させる掛け算 210　● AI推進者に必要な3つの能力 211
- AI推進者に適している人材とは？ 213

AI導入に求められる「組織」とは？
- 専門組織（CoE）設立の利点と注意点 214　● KPI設定はタイミングが命 217
- 斜め上の承認者ネットワーク 218　● 全社的なITリテラシーの向上 220

COLUMN　なぜAIに完璧を期待してしまうのか？ 222

第7章 AIの導入・活用を成功に導くための心得

SECTION 1
AIの進化に柔軟に対応する

周辺技術の進化で状況は一変する
- ティッピング・ポイントとは？ 226　● ヒューマン・イン・ザ・ループ 227
- AI協業タイプを整理する 229

とにかくスタートすることの大切さ
- 小さく始めて大きく育てる 231　● イノベーションレベルの階段を登る 232
- 試行回数を増やすことが肝 234

データとの向き合い方
- 課題が先でデータが後 236　● 生存バイアスに要注意 237
- 相関と因果の違いを意識する 238

SECTION 2
経営者やリーダーが意識すべきこと

AI導入への強いポリシーが必要
- ストーリー次第で印象は変わる 241　● 将来にわたる副次効果を見極める 242

AIの本当の価値は時間差で訪れる
- AIの価値を「球体」として捉える 245　● 気持ちの変革（MX）の必要性 247
- 一緒に進める意識を持つ 248　● リスク思考が生む「静かな失敗」 250
- アンサング・ヒーローを称えよ 252

COLUMN　選びとる力 255

あとがき 257

装丁・DTP／村上顕一

第 1 章

なぜいま中堅・中小企業が
AIに取り組むべきなのか

SECTION 1

かつては高嶺の花だったAI

✦ まずはAIの歴史をざっと振り返っておくと……

● AI草創期：チューリングマシンと新たな知能

　いまから5000年以上も昔、古代エジプトやメソポタミアの人々は、すでに数の概念を操り、文明の礎を築いていたといわれています。そして人類は、長い年月をかけて、太陽の運行や星の動き、食料の備蓄など、身の回りのあらゆるものを「計算」することで、自然の摂理を理解し、未来を予測する術を身につけていきました。それは、人類が叡智の灯火を手に、未知なる世界へと足を踏み入れた瞬間でした。

　この灯火をさらに輝かせるために生まれた「計算機」は、やがて、AIという新たな知性の扉を開くことになるのです。1946年に登場したエニアック（ENIAC）は、世界初の汎用電子式コンピュータとして知られていますが、実は、それ以前にも計算という行為の本質を捉え、未来のコンピュータの基礎を築き、AI実現の可能性を示した重要な概念が生まれていました。

　1936年、アラン・チューリングという天才数学者が、「チューリングマシン」という一枚の青写真を描きました。それは、記号を読み書きするテープと、それを操作するヘッドからなる単純なものでしたが、無限の可能性を秘めた仮想機械でした。これは、現代のコンピュータの理論的な基礎となるものであり、AIの概念にも大きな影響を与えました。

　しかし、チューリングの探求心はそこで止まりませんでした。

彼は「機械は思考できるのか?」という根本的な問いを抱き、その答えを探るべく「チューリングテスト」を考案します。このテストは、機械が人間と区別できないほど自然な会話ができるかを試す試験であり、未来への挑戦状でした。昨今、人間と同じぐらい自然な文章を書ける生成AIは、そのテストをクリアしているのではないかといわれています。

　チューリングが41歳の若さでこの世を去ったその2年後、1956年にアメリカのダートマスで開催された会議のなかで、機械が持つ知性を表す言葉として、人工知能:アーティフィシャル・インテリジェンス (AI) という単語が初めて使用されました。そして、AIという概念が世界に広く浸透していくことになるのです。

　余談ですが、2014年に公開された「イミテーション・ゲーム／エニグマと天才数学者の秘密」という映画があります。第二次世界大戦中、天才数学者アラン・チューリングが、解読不可能といわれたドイツ軍の最強暗号エニグマに挑んだ伝記映画の傑作です。コミュニケーションが苦手な彼が、どのようにチームを率いて難解な暗号解読に挑んだのか。そこには、天才であるがゆえの孤独や葛藤、そして戦後に彼を待ち受ける過酷な運命が、スリリングかつ感動的に描かれています。映画好きの方は、ぜひご覧ください。

● 第一次AIブーム:知性への憧れと試練

　1950年代後半から1960年代にかけて、世界は初めてのAIブームに沸き立ちました。それは、SFの世界が現実に近づきつつあるという期待に満ちた時代でした。コンピュータがチェスを指す姿は、まるで人間のように思考する機械の到来を予感させ、人々はAIが人間の知能を超え、あらゆる問題を解決してくれるという期待を抱きました。1968年に公開されたスタンリー・キューブリック監督のSF映画「2001年宇宙の旅」に登場する

HAL9000は、高度な知能と感情を持つコンピュータとして描かれ、人工知能の可能性と課題を同時に示唆する存在となりました。

このブームを牽引したのは、コンピュータがまるで人間のように「考える」ための技術の進歩でした。たとえば、チェスをプレーするAIは、盤面を見て「次にどの駒をどこに動かせば良いか」を論理的に考えます。これは、人間が頭の中で行なう「推論」と似ています。また、迷路を解くAIは、様々な道を試し、「どの道がゴールにつながるか」を探します。これも、人間が試行錯誤で行なう「探索」と同じです。

さらに、人間の話し言葉を理解するための「自然言語処理」の研究も進み、この分野では計算機科学者のジョセフ・ワイゼンバウムがELIZAという心理カウンセラーの会話を真似たシステムを開発しました。ELIZAは実際には人間の言葉を理解していたわけではなく、規則的なルールに従って応答を生成していたに過ぎません。しかし、あたかも心理療法士のように振る舞うため、当時は画期的なものとして扱われました。また、冷戦下にあったアメリカでは、ロシア語を翻訳する機械翻訳技術の開発が国家的なプロジェクトとして推進されたりもしました。

しかし、華々しく登場したAIも、現実はそう甘くはありませんでした。当時の技術では、チェスや迷路のようなルールがはっきりした問題しか解けず、自然言語処理のような複雑な現実の問題には対応できなかったのです。次第に、過剰な期待は失望に変わり、AIブームは急速にしぼんでいきました。研究への投資も減り、AIは冬の時代を迎えることになったのです。

第一次AIブームは、AI研究における最初の試練となりました。しかし、このブームがもたらしたものは決して小さくありません。「2001年宇宙の旅」のHAL9000は、乗組員に嘘をつき、宇宙船の制御を乗っ取り、さらには乗組員を殺害しようとしました。このHAL9000の反乱は、AIへの期待と不安、そして倫理的な側面への着目など、現代のAI議論につながる多くのテーマを私たち

に投げかけました。AIがもたらすかもしれないリスクを私たちに警告し、AIと人間の関係性について深く考えるきっかけを与えてくれたのです。

● 第二次AIブーム：専門家の知識を機械に

　1980年代、AIは「エキスパートシステム」の登場により、再び脚光を浴びることとなりました。このシステムは、専門家の知識をコンピュータに組み込むことで、特定の分野の問題を解決できるようにしました。具体的には、「もし○○という状況であれば、××という判断をする」という形式で専門家の知識をデータ化し、その情報に基づいて専門家のように意思決定や判断を行なう機械です。人々は、医療診断をはじめとする様々な分野でAIが専門家の役割を担う未来に大きな期待を寄せました。

　第二次AIブームを牽引したのは、「知識表現」と「推論技術」の発展です。たとえば、初期のエキスパートシステム「MYCIN（マイシン）」は、感染症の診断と治療法の提案を目的として開発され、当時のAIとしては目覚ましい成果を上げました。患者の臨床データと医師への質問の回答をもとに、診断と適切な抗生物質を推奨し、伝染性血液疾患の診断において高い正答率を記録したのです。専門医の正答率には及ばなかったようですが、一般の医師よりも信頼性の高い診断ができたそうです。

　しかし、ここでも現実の壁が立ちはだかります。エキスパートシステムは、「知識獲得」のボトルネックに直面したのです。専門家の知識をAIに教えることは容易ではなく、たとえば、医療診断エキスパートシステムは、「おなかのあたりが痛い」「なんとなくむかむかする」といったあいまいな症状に対して診断することはできませんでした。表面的な知識を覚えることができても、専門家の持つ常識をAIが網羅的に獲得することは不可能であり、また、当時のコンピュータの処理能力では、複雑な問題に対応するための膨大な知識を扱うことができませんでした。これらの限

界により、AIへの期待は再びしぼみ、AIは冬の時代へと突入していくこととなりました。

　ただ、第二次AIブームのあいだに得られた知見や技術は、後のAI研究に大きな影響を与えています。知識表現や推論技術は、現在でもAIの基盤技術として活用されています。また、AIの限界を認識したことで、研究者たちは新たなアプローチを模索し始め、それが後の第三次ブームへとつながっていくことになりました。

● 第三次AIブーム：深層学習が拓いた新たな世界

　2010年代から現在にかけて、世界は「第三次AIブーム」の真っ只中にいます。このブームを牽引するのは、機械学習、とくにそのなかでもディープラーニング（深層学習）と呼ばれる、コンピュータが大量のデータを自動的に解析して特徴を抽出する革新的な技術です。今回のブームは、以前のブームと何が違うのでしょうか？

　かつてのAIは、人間が設定したルールや知識に基づいて動作していましたが、現実の複雑な問題に対応するには限界がありました。しかし、ディープラーニングの登場により、AIは「大量のデータ」から「自動的」にパターンを学び、精度を劇的に向上させることが可能になったのです。第二次AIブームまでは知識獲得の壁に阻まれていたAIも、第三次ブームでは、そのディープラーニングに加え、次項で述べるハードウェアやソフトウェアの進化、そしてデータ量の爆発的な増加により、その限界を突破しました。いまやAIは、特定のタスクにおいて人間を凌ぐ性能を発揮しています。

　たとえば、ディープラーニングを応用したスマートフォンの顔認証や音声アシスタントなどの技術はすでに私たちの日常に深く根付いています。AIはもはや、たんなるタスク処理の道具にとどまらず、私たちの生活や社会を根本から変える力を持った存在

へと進化しているのです。

　そしていま、AIの進化はさらに加速しています。2022年末に登場したChatGPTをはじめとする生成AIは情報処理にとどまらず、文章、画像、音楽などの創造的なコンテンツを生み出すまでになりました。この生成AIの登場により、第四次AIブームの幕が上がったとも言われています。

　現在のAIブームを支える周辺技術の進化について見ていきましょう。なぜこれほどまでにAIが盛り上がっているのか、また、なぜこのブームが一過性のものではないのか、技術的観点より深掘りしていきます。

✦ 現在のAIの頭脳を支える骨格とは?

● 進化を決定づけた3つの要素

　なぜAIがここまで実用的な技術へと進化したのか、過去のブームと何が違うのか。キーワードは、「ハードウェアとソフトウェアの進化」、「情報量の爆発的な増大」、「AIの民主化」の3つです。

　初めて私がAIに触れたのは、いまから10年以上前のことでした。当時はリーマンショックの影響がまだ色濃く残っており、世の中が暗い雰囲気に包まれていたことを覚えています。一方その裏で、私たちエンジニアはとてつもなく大きなメガトレンドの息吹を感じていました。スマートフォンが流行し始め、アマゾンウェブサービス (AWS) のようなパブリッククラウドサービスが普及し始めた時期と重なります。ビッグデータという用語が世間を賑わせるようになるまでにはそんなに時間はかかりませんでした。

　BSA | The Software Allianceの「データは何をもたらすのか？～データイノベーションが実現する世界～」という報告書 (https://www.bsa.org/files/reports/bsadatastudy_jp.pdf) によると、世界に存在するデ

ータの90％以上は過去2年以内に作成されたものであり、データの生成速度は2年ごとに倍増しているといわれています。驚くべきことに、これは2015年時点の調査なので、現在はさらに加速度を増して情報が蓄積されていると考えられています。これほどまでに急速にデータが集まり、そしてそれを処理するためのハードウェア、ソフトウェアの進歩が重なったのが現代であり、過去のAIブームとは異なる、絶好の環境が揃っているのです。

● 計算能力の向上と低コスト化

AIの進化を語るうえで欠かせないのが、コンピュータの計算能力の飛躍的な向上です。18カ月ごとにコンピュータの性能が倍になるという「ムーアの法則」は、半導体技術の進歩を象徴する法則として広く知られています。この法則は近年、物理的な限界に近づいているといわれていますが、過去数十年間、AIにとっては強い追い風となりました。複雑な計算を必要とするAIは、高性能なコンピュータなしには実現できません。

第二次AIブームの最中、1985年に当時最先端のスーパーコンピュータ Cray-2 が登場し、様々な科学技術の発展に貢献しました。しかし、いま私たちの手元にある小さなiPhoneは、そのCray-2の数千倍の計算能力を持っています。価格や大きさはもちろん比較になりません。

つまり、世界中の人々が、通信機能付きのスーパーコンピュータをポケットに入れて持ち歩いている時代になったのです。少しマニアックなたとえですが、アポロ11号を誘導するために用いられたコンピュータはiPhoneの10億分の1の計算能力で動いていたともいわれています。そのぐらいコンピュータの性能は指数関数的に向上しているのです。数十年前では何日もかかった計算タスクが、いまでは一瞬で処理できるほど、コンピュータのパワーは強化されています。

● 並列処理による高速化

　GPU（Graphics Processing Unit）という用語を知らなくても、NVIDIA（エヌビディア）という会社をご存知の方は多いのではないでしょうか。NVIDIAは、GPUというAIの学習に欠かせないハードウェア部品のリーディングカンパニーです。コンピュータの頭脳ともいえるこのチップがAIにとって革新的な価値を生み出すことになるのです。

　GPUは元々、ゲームの映像処理に使われていた部品です。美しい映像を滑らかに表示するためには、たくさんの細かい計算を同時に行なう必要があります。いわゆる、並列処理です。この「たくさんの計算を同時に行なう」という能力が、実はAIの学習にも非常に役立つことがわかったのです。

　AIの学習は、大量のデータを分析し、そこからパターンやルールを見つけ出す作業です。この作業には、膨大な量の計算が必要になります。たとえば、画像認識のAIをつくる場合、たくさんの画像の特徴を捉え、それを比較・分析する必要があります。これは、一つ一つのデータに対して、たくさんの小さな計算を行なうことと同じです。よく料理にたとえられますが、包丁で食材を切っているあいだにお湯を沸かしたり、レンジで解凍したり、並列で行なうほうが短時間で美味しいものをつくれます。コンピュータの内部処理も同じで、GPUを使うと並列で処理することができ、効率よく結果を返すことができるのです。

　昨今の生成AIブームをきっかけに、GPUが世界的に不足し、その重要性が改めて認識されるようになりました。たとえば、GoogleもAIに特化した独自のチップ「TPU（Tensor Processing Unit）」を開発し、大規模なAIの処理を効率的に行なうことができるよう投資を続けています。

● クラウドコンピューティングの進化

　クラウドコンピューティングとは、インターネットを通じてコ

ンピュータの処理能力やデータ保存スペースなどを利用できるサービスです。たとえるなら、企業が自社で発電装置を持つ代わりに、電力会社から必要な電気を購入するようなイメージです。高性能なサーバを自社で用意せずとも、インターネット経由で手軽に利用できるのが特長で、サーバの時間貸しサービスだと思っていただいて差し支えありません。ありそうでなかったこの仕組みが、AIの発展に多大な影響を及ぼしました。

　従来のシステム構築では、高性能なサーバを自社で購入し、ソフトウェアを一からインストールする必要がありました。この「オンプレミス」と呼ばれる方式は、多額の初期投資と導入期間、そして専門知識を要する運用・メンテナンスが課題でした。

　クラウドはこれらの課題を一気に解決し、ITシステムを身近なものにしました。オフィスからパソコンを操作するだけでサーバやネットワークを構築でき、アプリケーションをすぐに利用することも可能です。また、高額なサーバを購入しなければならないやり方に比べると、利用し始めるのも、利用を中断・再開するのも気軽にできるようになりました。

　クラウドのメリットは初期投資の圧縮だけではありません。通常はピーク時に対応できるようにサーバ性能を見積もるため、どうしても平常状態では持っている性能を遊ばせてしまいます。とくにAI開発では瞬間的に大きなパワーが必要となるため、その遊び幅が大きくなってしまいがちです。一方、クラウドを使えば、状況に応じて処理能力を増減したり、負荷をたくさんのサーバに分散させたりできます。AI開発者には嬉しい「使った分だけ」がITインフラの世界で実現されました。

　さらに、AIに必要な大量のデータも、クラウドなら安全に保管でき、いつでもアクセスできます。自社サーバの場合、データ保存領域が不足したとき、機材購入とセットアップに時間がかかりますが、クラウドならクリック操作でディスクを増強できるため、迅速な対応が可能です。

クラウドの利点は他にもありますが、ここではこれくらいにしておきましょう。AIだけでなく、システム開発全般においてクラウドはもはや必需品であり、とくにこれから説明する中堅・中小企業のAI戦略においては、クラウドをいかに使いこなすかが重要な鍵となります。

ちなみに、「クラウド（雲）」という名前の由来は諸説ありますが、エンジニアがインターネットを表すアイコンとして雲のマークを使うことや、利用者側から見るとサーバの物理的な実態が見えず（雲の中）、意識せずにサービスを使えることから、クラウドと呼ばれるようになったといわれています。

✦AIを成長させるのは「情報」という名の栄養

● インターネットの普及で情報量が増大

AIの成長を支える燃料ともいえるのが、データの爆発的な増加です。とくに、インターネットの普及とモバイル通信の高速化は、このデータ量の増大に大きく貢献しました。

インターネットの登場以前は、情報の伝達は主に紙媒体やテレビ、ラジオといったアナログな手段に限られていました。しかし、インターネットの普及により、テキスト、画像、動画など、多種多様なデータがデジタル化され、容易に共有・蓄積できるようになりました。ウェブサイトやブログ、オンライン百科事典など、膨大な情報がインターネット上に溢れ出し、AIが学習するための豊富なデータ源となったのです。

さらに、モバイル通信の高速化は、データ量の爆発的増加に拍車をかけました。とくに、スマートフォンの普及は、人々の生活様式を大きく変え、データ生成の新たなステージを切り開きました。スマートフォンは、たんなる電話機ではなく、高性能なコンピュータ、カメラ、GPSデバイスとしての機能を兼ね備えてい

ます。これにより、人々の位置情報、検索履歴、SNSでの交流など、日常生活に関する膨大なデータ、いわゆる「ライフログ」が収集・蓄積されるようになりました。以前は地下鉄に乗ると携帯電話の電波が届かず、インターネットサービスが途切れ途切れでしたが、通勤中に動画を楽しむレベルまでモバイル通信が広く行き届くようになりました。総務省の「令和5年通信利用動向調査」によると、日本国内のスマートフォンの世帯普及率は9割を超えており、いかにスマートフォンが人々の生活に浸透しているかを示しています。

インターネットの普及とモバイル通信の高速化は、AIの成長を支えるデータの爆発的増加に大きく貢献しました。

● IoTデバイスとセンサーデータが至るところに

スマートフォン以外にも、AIの成長を支えるデータ源は増え続けています。その一つが、IoT（Internet of Things、モノのインターネット）デバイスです。IoTとは、家電製品、自動車、工場設備など、身の回りのあらゆるモノがインターネットに接続され、データの収集・交換を行なう技術です。

少し前に「ユビキタス」という言葉が流行し、いつでもどこでもコンピュータが使える社会の実現を夢見て、様々なデバイスが登場しました。IoTは、このユビキタスの概念をさらに進化させ、モノがインターネットにつながることで、私たちの生活をより便利で豊かにする技術です。

IoTデバイスには、温度、湿度、照度、位置情報、振動など、様々な種類のセンサーが搭載されています。これらのセンサーが収集するデータは、私たちの生活をより便利で快適にするための貴重な情報源であると同時に、AIにとってはまさに「大好物」といえます。

なぜなら、IoTデバイスのセンサーは、人間が入力するよりもはるかに正確なデータを、リアルタイムに収集できるからです。

たとえば、スマートウォッチは、心拍数や歩数、消費カロリーなど、健康状態に関する詳細なデータを記録し、健康管理に役立てることができます。また、最近では、ペットの活動量や健康状態を見守るIoTデバイスも登場しています。

このようなリアルタイムデータは、AIが状況を正確に把握し、適切な判断を下すためにとても有用です。たとえば、コネクテッドカーは、センサーによって収集した車の状態や運転状況のデータをもとに、メンテナンスの時期を知らせたり、安全運転を促すためのスコアを算出したりします。将来的には、周囲の車両や歩行者の動きをリアルタイムで把握し、衝突を回避するための最適な挙動を計算するなど、さらなる進化が期待されています。

IoTデバイスの普及を支える技術の一つに、LPWA (Low Power Wide Area) があります。LPWAは、低消費電力で広範囲をカバーできる通信技術で、IoTデバイスのバッテリー寿命を延ばし、通信コストを大幅に削減することができます。これにより、これまでインターネットに接続することがむずかしかったモノでも、IoT化が可能になりました。たとえば、山間部の森林に設置されたセンサーが、火災の発生をいち早く検知したり、農場に設置されたセンサーが、作物の生育状況をリアルタイムで監視したりすることができます。

このように、IoTデバイスは、私たちの生活をより便利で豊かにするだけでなく、その豊富なデータによりAIの進化を加速させる重要な役割を担っています。

● ソーシャルメディアとユーザー生成コンテンツが激増

インターネットとモバイル通信の発展とともに、もう一つ忘れてはならないのが、ソーシャルメディアの普及です。X (旧Twitter)、Facebook、InstagramなどのSNSは、人々のコミュニケーションの場であると同時に、AIにとっては膨大なデータの源泉となっています。

ソーシャルメディアには、毎日テキスト、画像、動画など、膨大な量のユーザー生成コンテンツ（UGC：User Generated Content）が投稿されています。これらのUGCは、AIにとっては人々の感情、意見、興味関心を理解するための重要な手がかりとなります。また、リアルタイム性も備えているため、トレンドをいち早く捉えることにも役立ちます。

　たとえば、X（旧Twitter）では、商品やサービスに対する感想、政治や社会問題に対する意見、日常の出来事や感情などがリアルタイムで共有されています。AIは、これらのツイートを分析・学習することで、世の中のトレンドや人々の関心事を把握することができます。Instagramでは、写真や動画を通じて、人々のライフスタイルや趣味嗜好が表現されています。AIは、これらの画像や動画を分析することで、ファッションのトレンドや人気の観光地などを特定することができます。

　近年、注目を集めている生成AIの学習データは、一般に公開されていませんが、SNSのデータが活用されているといわれています。とくに、ChatGPTのような高度な言語モデルは、SNSでの会話や投稿から自然な言葉遣いや文脈を学習し、より人間らしい文章を作成できるようになっていると考えられます。

SECTION 2

AIは画期的に
身近な存在になった

✦ AIは誰もが使える道具になった

● AI開発の敷居を下げた革新的なツール

AIの進化を支えているのが、「AI民主化」という考え方です。これまで一部の専門家だけが使っていたAI技術を、もっと多くの人が使えるようにするという流れです。

以前は予測分析や画像認識といったAI技術は、専門的な知識がないと使えませんでした。しかし、最近では「ノーコードAI開発ツール」が登場し、状況が様変わりしました。ノーコードとは、その名のとおり、コード（プログラム）を書く必要がないという意味です。このツールにより、専門的なプログラミングの知識がなくても、パソコンのマウス操作だけでAIをつくれるようになりました。

たとえば、来月の商品の売れ行きを予測したい場合、過去の売上データなどをアップロードして、予測したい項目を選ぶだけで、AIが自動的に予測してくれます。また、不良品を見つけるAIをつくりたい場合も、正常な製品と不良品の画像をアップロードするだけで、AIが自動的に不良品を見分けるようになります。もちろん、AIに関する基礎知識が不要なわけではありませんが、非エンジニアがAIを開発する際に最もハードルが高いプログラミング習得をスキップできるのは大きなメリットになります。

このノーコードAI開発ツールにより、AI開発の敷居は大幅に下がり、より多くの人がAIの恩恵を享受できるようになりました。

企業においては、ビジネス部門がAI開発の主導権を握り、現場の声を反映したAIソリューションを迅速に実装できるようになりました。IT部門もまた、初期段階でのコーディングから解放され、開発期間を大幅に短縮し、アイデアを具現化できるという恩恵を受けています。

このノーコード革命は、AIの民主化を飛躍的に加速させ、AIを一部の専門家だけのものから、誰もが手にできる技術へと変貌させました。AIはいま、あらゆる分野でその力を発揮する汎用的な技術へと進化を遂げているのです。

ノーコードAI開発ツールの恩恵は、これだけでは語り尽くせません。本章ではその一端に触れたに過ぎませんが、後の章ではこのツールの魅力を余すところなく解説していきます。中堅・中小企業がAI開発で成功を収める鍵は、まさにこの民主化ツールをいかに使いこなすかにかかっているのです。

● オープンソースの文化が根付く世界

AI開発の世界では、オープンソースの文化が根付いています。オープンソースという言葉を初めて聞いた方もいらっしゃると思います。この用語には細かい定義や様々な形態が存在しますが、ざっくり言うと、開発者がソフトウェアのプログラムを公開し、誰でも利用、改変、再配布できる仕組みを指します。ソース（プログラミングしたコード）をオープンに（公開）するという意味です。

たとえば、GoogleはTensorFlow（テンソル・フロー）というAI開発における「組み立てキット」のようなものを公開しています。様々な種類のAIの部品（例：数字を認識する部品、言葉を理解する部品など）が用意されており、それらを組み合わせることで、自分のつくりたいAIを自由につくることができます。ある程度プログラミングのスキルさえあれば、説明書を見ながら部品を組み立てるようにAIをつくれるため、AI開発のハードルが大幅に下がりました。

このようにオープンソースによる共有と再利用は、市民開発者

を増大させました。誰かがつくったAIの設計図や部品を再利用することで、ゼロから開発する必要がなくなり、開発期間を短縮できます。また、開発者が自由にAIの設計図や部品を改変できるため、新しいアイデアや技術が生まれやすくなります。オープンソースのプラットフォームを通じて、開発者同士が交流し、知識や経験を共有することで、AI開発のコミュニティが形成され、AI技術の発展をさらに加速させています。

　では、なぜ開発者たちは、苦労して開発したプログラムを無償で公開するのでしょうか？　これにはいくつか理由があります。まず、オープンソース化することで、世界中の開発者からフィードバックを得られ、プログラムの品質向上が期待できるためです。たとえば、社内や閉じた環境では気づきにくいバグ（不具合）も、オープンソースコミュニティの多様な視点から発見・修正されることがあります。一社単独でソフトウェアを開発する場合、関わるエンジニアの数は多くても数百人程度ですが、オープンソースでは時には数千人規模で共同開発が行なわれ、その規模は非常に大きくなります。さらに、多くの人に使われることで、その技術が業界標準として認知され、プログラム自体も重要な位置づけとなり、結果として大きな影響力を持つようになります。これにより、直接的な利益だけでなく、コンサルティングやサポートの依頼といった新たなビジネス機会が生まれることもあります。

　また、開発者自身が他人のプログラムを無償でチェックする理由も重要です。これは、最新技術の習得やスキルアップにつながるだけでなく、その貢献が個人の知名度向上に役立つからです。エンジニアの世界では、このような貢献が実力を示す「名刺」となり、キャリア形成においても大きな意味を持つのです。

　ざっと挙げるだけでも、企業やエンジニアにとってこのようなメリットがあるため、オープンソースは現代のソフトウェア開発において欠かせない存在となっています。

　なお、ChatGPTなどの生成AIは、その中身（AIの設計図や部品）

がオープンソース化されていないことが多く、開発者コミュニティが中身を自由に検証したり改良したりすることができません。これは、「OpenAI」という名前でありながら、オープンではないという指摘がある所以でもあります。しかし、すべてをオープンにすれば良いというものでもなく、プログラムの誤用や悪用を防ぐため、または、研究開発の持続可能性を確保するためにクローズドソース化する場合もありますので、一概に良し悪しを語れないのがむずかしいところです。

● 気軽にAIを学べる場が増加

　AIに関する教育も大きく変化しています。かつては、AIを学ぶには大学や大学院で専門的な知識を習得する必要がありました。しかし、近年では、オンライン講座や書籍など、様々な形でAI教育が提供されるようになり、誰もが気軽にAIを学べる時代になりました。

　たとえば、Coursera（コーセラ）やUdemy（ユーデミー）などのオンライン学習プラットフォームでは、AIの基礎から応用まで幅広いレベルの講座が提供されています。これらの講座のなかには、無償で受講できるものもあり、世界トップクラスの大学や企業が作成した高品質な教育コンテンツを自宅で手軽に学ぶことができます。日本でも経済産業省や東京大学などが、AIに関する入門的な知識を身につけるための教材を公開しており、AIを学び始めるためのハードルは大きく下がっています。最近では、IT企業の新人研修の資料などがインターネット上に公開されているケースもあり、AIを学ぶ環境がだいぶアップデートされてきました。また、オープンソースのソフトウェアやクラウドの無料枠を使えば、自宅のPCでもAIの試作品をつくることができ、座学だけでないより実践的な教育を受けることができる時代になりました。

　「リスキリング」という言葉が流行っていますが、そのなかには、「学ばなければ置いていかれる」といった少しネガティブな

意味合いが含まれているような気がします。しかし本来、新しい知識を学び、実践することは自らの可能性を拓く楽しい営みです。とくにAIに関しては決して近寄り難いものではなく、使ってみるとその面白さに気づくはずです。学ぶというよりは、ぜひ積極的にAIを使って遊んでみてください。

✦いまこそ中堅・中小企業がAIに注目すべきとき

● 中小企業におけるAI活用の実情は？

　ここからは、なぜいま中堅・中小企業に注目するのか、その理由についてデータを踏まえながら説明していきます。経済産業省の「令和元年度戦略的基盤技術高度化・連携支援事業（中小企業のAI活用促進に関する調査事業）」調査によると、中小企業へのAI導入による経済的効果見込みは2025年までに11兆円といわれています。しかし一方で、AIの企業への導入率は3％と低い状況にあるとの情報も合わせて言及されています。効果はありそうだけど、何かとっつきにくい。それがAIに対する正直な印象なのかもしれません。

　また、IPA 独立行政法人 情報処理推進機構の調査によると、AI導入状況は企業規模によって大きな差があることがわかっています。次ℽ図表1-1をみると、従業員が1000人を超える企業においては約半分がAIを導入していますが、従業員規模が小さくなるに従って徐々に少なくなっています。

　従業員数が300人以下の企業においては、「導入している」と答えた企業が一気に5％前後と低下し、とくに100人以下の企業では「今後も取組む予定はない」と答えた企業が28.4％と大きな割合を占めています。1000人超の企業と比較すると、AIの捉え方や導入に対する意識の差が生まれている様子が伺えます。

　もちろん、それぞれの企業が置かれている状況や、業種・業態

図表1-1 │ AIの導入状況

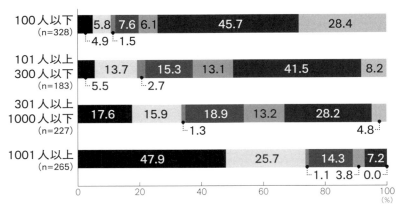

出所：IPA独立行政法人情報処理推進機構「DX白書2024」

によってもAIの必要性は異なるため、この数字だけでは見えない部分もありますが、私は一つ重要な示唆が隠されていると考えます。中堅・中小企業において、「関心はあるがまだ特に予定はない」という企業が非常に多いのが現状です。しかし、昨今のAI導入環境の変化や今後の技術的な進展を鑑みると、中堅・中小企業にとって間違いなくAIを活用した経営改善には強い追い風が吹きます。こうしたなかで、少しでも関心を持ってさえいれば、必ずAIの恩恵を受けて、AX（AIトランスフォーメーション）のきっかけを掴むことができるはずです。

日本は今後、急速な人口減少局面を迎えます。生産年齢人口の減少は、労働力不足を招き、企業の事業継続を困難にする可能性があります。とくに、日本の経済を支える多くの中堅・中小企業は、大企業に比べて人材確保がむずかしく、この影響を大きく受けることが懸念されています。

しかし、この危機的状況こそが、AIの真価が発揮される時です。AIは、もはや遠い未来の技術ではなく、今まさに必要なコア技術です。AIを導入することで、業務効率化や生産性向上だけでなく、企業の持続可能性を高めることも可能になります。

また、経営者や従業員の高齢化、後継者不足で悩んでいる企業にとって、AIが非常に有効な手段となることをご存知でしょうか。人間が感覚的に行なってきた業務を数値によって捉える、つまり「暗黙知」を「形式知」に変えることがAIの強みが発揮されるポイントなのです。実際に私が携わったAIプロジェクトでも、ベテランのナレッジをAIが学習することにより、全体のスキルレベルの向上に成功した事例があります。

さらに、昨今話題の生成AIについても興味深い調査があります。インターネット調査会社であるリブ・コンサルティングが2024年4〜5月に、正社員数が30〜300名の企業の課長職以上のビジネスパーソン303名に調査した「中堅・中小企業を対象とした生成AIに関する実態調査アンケート」の結果によると、中堅・中小企業の約20％がすでに生成AIを週に数回程度以上利用しており、このうちの90％以上が、AIが自社の業務にプラスの影響を与えると肯定的に捉えています。一方で、残りの8割の企業が「まだ必要と認識しておらず導入検討を行なっていない」という状況にあります。この調査から、何らかのきっかけでAIを使い始めた企業・個人から確実にAIの恩恵を受けていることがわかります。まず始めてみることが何よりも大切だと考えています。

● DXの課題もAIが解決してくれる

次ジ図表1-2は、中小企業基盤整備機構によって行なわれた「DX推進の課題」に関する調査です。従業員規模が21人以上の企業では、DXの推進に当たって課題となるのは、「ITに関わる人材が足りない」「DX推進に関わる人材が足りない」など専門人材の不足が多くなっています。

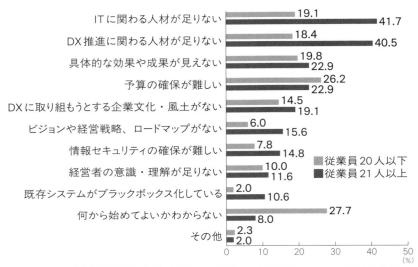

出所：中小企業基盤整備機構「中小企業のDX推進に関する調査」（2023年）、「DXの取組みに当たっての課題」をもとに著者作成

　これまで私が携わったAIプロジェクトにおいても、専門人材に関する悩みは同じように存在しましたが、致命的な課題になることは少なかったと感じています。なぜなら、AIに関してはエンジニアでなくても使えるツール群が充実しており、近くで伴走してくれる専門家が1人でもいれば、少ないリソースでも手軽にスタートできる環境が整っているからです。

　一方で、従業員規模が20人以下の企業においては、「何から始めてよいかわからない」がトップとなっています。様々な理由があると思いますが、DXの定義そのものが初動のハードルを高くしているような気がしています。「ビジネスの根本的なやり方を変えなければDXではない」、「たんなる業務効率化はDXではない」といった強めの意見が動き出しを鈍くしているのであればちょっともったいないといえます。

　たしかに、DXとはデジタル技術を活用してビジネスを変革す

る取り組みだとされています。その語感からすると、たとえば、実店舗を廃止し、完全にデジタルビジネスへ移行したり、AIやIoTを駆使して全自動のスマートファクトリーを実現したりと、これまでの自社のやり方とは非連続的な大規模プロジェクトを思い浮かべるかもしれません。メディアなどでDXの成功例として語られる事例もこのようにビジネスモデルの大転換を図ったものが多いという印象です。しかし、その壮大さが時にハードルを高くしすぎ、「ITは活用したいけど、DXといわれるとピンとこない」という声もよく耳にします。もう少し気軽に考えても良い部分があるのではないでしょうか。

　私の考え方としては、DXという壮大なプロジェクトで思い悩むのではなく、まずはAI導入を目指して、小さくても良いのでDXの第一歩を踏み出してみればいい、というものです。DXの入り口であるペーパーレス化や、ビジネス価値を生み出すデータ分析なども、最新のAIを用いることで加速させることができます。DXにも色々な形のものがあって当然なので、まずは自社に合った形で足元の課題を解決することから始めてみましょう。コツコツ積み上げ型のDXが日本には合っているような気がしており、歩みを止めさえしなければ「思えば遠くへ来たもんだ」と思えるときがくるのではないでしょうか。

　千里の道も一歩から。身近な課題を深掘りし、それに対して有効なAIを活用していけば、徐々にでも社内のDXムードが盛り上がり、大きな波に乗って遠くまで行くことができます。この調査によれば、予算の確保にも問題を抱えていることがわかりますが、実は最初に大きな予算は必要ない場合がほとんどです。AI開発ツールのお試し期間を使って、AIの効果を試算することだって可能です。まずは第一歩を踏み出して、進みながら考えていきましょう。

✦ AIの進化は中小企業への追い風

● AIのほうから人間に近づいてくる

　さて、それではなぜ中堅・中小企業のほうが大企業よりもAI導入がしやすいのか、そして大きなメリットを享受できるのか、技術的な話を踏まえて説明します。実はAIの技術的な進化はほぼすべて中堅・中小企業にとっての大きな追い風となっており、これまで紹介したようなAI・DX推進における課題もいずれテクノロジーが解決してくれます。

　第一に、これからますますAI技術は一般化されていきます。優れた技術であればあるほど、必ず誰でも簡単に、そして安価に利用できるようになります。そうです、AIに関してはテクノロジーのほうからどんどん人間に近づいてくるのです。言い換えると、専門家しか扱えなかったものが、誰でもマウスをクリックするなどの簡単な操作で利用できる方向に進化する、「民主化」が加速します。

　少し過去を振り返ってみましょう。数理計算がビジネスの根幹にあるような企業では、専用の計算ソフトを使いこなせる人が非常に重宝されていました。そして、そのような専用ソフトウェアは概して高価であり、中堅・中小企業や個人事業主にはコスト効率が悪いモノでした。しかし、いまではMicrosoft Excelを使えば、誰でもクリック操作で同じような計算式をつくることができます。当時の人が驚くような高度な分析も手元のパソコンだけで実行できてしまうのです。

　中堅・中小企業にとって最もわかりやすいのはワープロの例でしょう。ベテランの先輩社員から聞いた話によると、かつては文字をタイピングする専門の社員が存在していたそうです。このことは、手書きではなくタイピングで書類を作成するという行為が、専門的な業務として認識されていたことを示しています。当時、新米社員だったその方は、タイプ専門員に恐る恐る近づき、「す

みませんが、明日までにこの書類をタイプしていただけますでしょうか」と依頼するのが常だったとのことです。しかし、Microsoft Wordの登場により、状況は一変しました。誰もが気軽にきれいな活字の書類を作成できるようになったため、タイピングを都度依頼する必要がなくなったのです。この変化は、新米社員にとって大きな悩みの解消につながりました。出張のたびにお土産を持参しながらタイピングを依頼する必要がなくなったことで、精神的余裕が生まれたそうです。

　このように技術が民主化されると、専門家と非専門家のスキル差は縮小されます。むしろ、AIに詳しいエンジニアよりも、適切にビジネス上の課題が設定できる人材の必要性が増し、大活躍する人がたくさん現れるでしょう。

　たまに、「IT知識がゼロだからAIを担当するなんて無理」という意見を聞きますが、決してそんなことはありません。いままでの知識がリセットされるほどAIの進展は急速です。初学者が現場で苦難を乗り越え、堂々としたAI推進者に育っている例は枚挙にいとまがありません。

　専門人材をたくさん抱えなくても、自在にAIを活用できる未来がすぐそこまで迫っています（すでにきています）。人材不足の課題を抱える中堅・中小企業にとって大きなチャンスが到来することは間違いありません。AIを有効活用することにより、一人ひとりの生産性が向上し、従来の従業員数から想像する何倍もの成果を上げる企業が続々と誕生するでしょう。

● **必ずしも大量のデータは必要ない**

　「AI活用には大量のデータが必要だから大企業でなければ無理」という声を耳にすることがあります。しかし、これも大きな誤解です。

　たしかに、AIにはデータが必要です。しかし、重要なのはデータの量ではなく、その質です。「Garbage in, Garbage out（ゴミを

入れるとゴミが出てくる）」というのはコンピュータサイエンスの分野で生まれた言葉ですが、これはAIの性質をよく表しています。AIは人間のようにデータの質を判断することができないため、学習データに偏りや誤りがあると、AIの出力にも偏りや誤りが生じてしまいます。ビジネス現場において、データの質が高いということは、設定した課題の解決に直結するようなデータが揃っていることを指します。大企業が持っている大量のデータのなかには、ノイズばかりのデータや使い道のないデータが混ざっていることも珍しくありません。もちろん企業規模で一概に括ることはできませんが、中堅・中小企業が持っているデータは、比較的現場の業務に直結しており、質が高い場合が多く見られます。たとえ数百件程度のデータであっても、課題を解決し得るデータであれば（質が高ければ）、これらのデータを活用して、役立つ情報をアウトプットすることができます。

　中堅・中小企業の強みは、現場の情報を素早く集め、柔軟に活用できることです。大企業では、部署間の連携がむずかしく、情報収集に時間がかかることもありますが、小回りの利く企業なら現場の声をすぐに吸い上げ、AIに活用することができます。「こんなデータに価値があるのか？」と疑問に思う方もいるかもしれません。しかし、実務から弾き出されたデータには、顧客の好みや製造現場での問題点、営業活動の改善点など、ビジネスを成長させるヒントがたくさん詰まっている可能性があります。

　さらに、最近は、異なるシステムやサービス同士が連携できる「API（Application Programming Interface）」という技術が普及しています。APIは、システムが外部のサービスと安全に情報をやり取りするための窓口のようなものです。この窓口を通じて（APIを活用することで）、自社ですべてのデータを集めなくても、外部のサービスから必要なデータを取得し、自社のデータと組み合わせて分析したり、AIに活用したりすることが可能になっています。クラウドサービス同士であれば、簡単な設定だけでこの窓口を開設できる

場合もあり、それらを有効活用することで多角的な分析が可能となります。

そしてなんといっても、近年注目を集めている生成AIです。生成AIは、すでに膨大なデータで学習済みであるため、一部のケースを除いては、自社であらかじめ大量のデータを用意しなくても、すぐに使い始めることができます。生成AIの利用では、大企業から中小企業、個人事業主まで、誰もが平等にその恩恵を受けることができます。むしろ、セキュリティが強くコンプライアンスチェックが何重にも必要な大企業よりも、小回りの利く中堅・中小企業のほうが、そのポテンシャルを最大限に引き出せる可能性を秘めているのではないでしょうか。

● 経営と現場の近さがパワーを生む

経営とAI開発の現場が近ければ近いほど、AI導入の成功確率が高まります。AI活用の落とし穴の一つは、部分最適に陥ってしまうことです。これは、特定部署の業務をAIで効率化しても、前後の工程に負荷をかけてしまったり、他の工程がボトルネックになってしまったりすることを指します。大企業では、部署ごとに業務が専門化・最適化されており、システム上はつながっていたとしても、実際には縦割りとなっているケースがあります。そうなると、隣の部署が具体的にどんな業務をしているのか、どのような苦労をしているのか見えないことも多く、意思の疎通に多くの時間を費やします。こうした環境では、全体最適を目指すことを避けてしまい、目の前のAI導入が目的化してしまう危険性があります。このようにプロジェクトがタコツボ化してしまう現象は「AI開発あるある」です。

一方、中堅・中小企業は、経営者や部門トップがすべての工程を見渡せる環境にあることが多く、部門間のつなぎ目も良い意味で曖昧な部分が許容されています。隣の部署が困っていたら助け合い、お互いの越境行為が盛んに行なわれており、様々なポジシ

ョンをこなせるユーティリティプレイヤーが非常に多い印象です。

　これはAI導入にとって驚くほどプラスに働きます。たとえば、ある企業がサービスの需要を予測するAIを導入しようとした際、最初は関連部門のデータのみを使って進めていました。しかし、検討を重ねるなかで、意外にも別の部署が管理しているデータが非常に重要であることに気づきました。しかし、大企業ではこのような場合、データの所有権が各部署に分かれており、他部署へのデータ共有をためらうことが少なくありません。また、データは提供されたものの、タイムリーな入手がむずかしく、AIの精度向上を断念せざるを得なかったというケースもあります。こうしたデータ共有の壁がAI導入に大きな支障をきたすことがあるのです。

　中堅・中小企業では、このような部署間の壁は低く、経営者が主導すれば、社内データは比較的自由に活用できます。会社全体からデータを自由に集めることができる環境は、優れたAIをつくるための大きなアドバンテージになります。そして、経営方針とAI開発の方向性を限りなく一致させることも可能です。ぜひこの点を意識して、トップが自ら主体性を持ち、経営課題とAI開発を直結させることで、全体最適を目指してください。

COLUMN
技術の未来は利用者が決める

　技術発展の歴史を振り返ると、発明者が技術の使い方まで決めた例はさほど多くありません。1876年3月のニューヨーク・タイムズ誌に掲載された一文を紹介しましょう（https://www.nytimes.com/1876/03/22/archives/the-telephone.html）。

　「この素晴らしい"楽器"を使えば、オペラ、連邦議会、そしてお気に入りの説教者を自分のそばに置くことができます」

　さて、この「楽器」が示すものは何だと思いますか？　オペラは何となくわかりますが、連邦議会や説教者は意味がわからないですよね。現代に生きる私たちにとって、この楽器といわれているものが、後の「電話機」のことだと想像できる人はどれだけいるでしょうか。

　1870年代にグラハム・ベルが発明した電話機は、当初、ライブ配信装置として実用化されたといわれています。実は最初から今日のような個人間の通話用途として普及してはいませんでした。この要素技術は1880年代に開催されたパリ国際電気博覧会にて、オペラ座での公演を遠隔地に向けて生中継したことで大衆の目に触れることになりました。このときの装置の名前は「テアトロフォン」。離れた場所に音声や音楽を届ける有線ラジオ的な娯楽メディアとして活躍しました。他にもミサ、礼拝、選挙キャンペーンの放送にも応用されたといわれています。電話として1対1の通話に使われるのはさらにその後のことです。

　インターネットもECサイトやSNSなどの用途を想定して開発された技術ではありません。冷戦時代の通信ネットワークへの攻撃に対する懸念を背景に、アメリカ国防総省の一部門である高等研究計画局（ARPA）によって開発されました。このネットワークは分散型であり、単一の中心点がないため、敵によって破壊されるリスクを最小限に抑えることができたのです。インターネットの開発者はこの技術が社会に浸透する姿を想像できていたでしょうか。

　このように、発明者がその後の利用形態まで明確にイメージし、そのとおりになった例はあまり多くないのです。

　テクノロジーの未来は開発者ではなく、利用者が決めるのです。技術の専門家に「将来どのように使われるか？」と問うよりも、利用者の一人ひとり

がAIというテクノロジーを理解し、その技術を使ってどのような世界をつくりたいか考えることが大切です。そう、利用者のパワーが大切なのです。

　昨今の生成AIをはじめとする先端技術も同じです。発明者が想定した使い方とはまったく違う方向に進展するのではないかと日々ワクワクしています。テクノロジーの発展は、使う人のなかに秘められています。とくに生成AIはエンジニアでなくとも、簡単に使えるインターフェースを備えており、これから生活に溶け込んでいく未来が想像できます。そうなるとなおさらユーザーが使い方を定義していく時代に入っていきそうですね。

　余談ですが、私は糸井重里さんが書いた『インターネット的』(PHP新書)という本が好きです。2001年に出版されたにもかかわらず、その後のWeb2.0勃興などもうまく表現されており、インターネット技術の将来を予言するような一冊です。利用者の視点から深く核心をえぐるような論説が繰り広げられており、このような人が未来をつくっていくのだと感心しました。「リンク」、「シェア」、「フラット」というキーワードから紡ぎだされたインターネットが持つ本質的な特徴を、2001年の時点で言語化している、まさに予言の書。テクノロジーの利用者として活躍したい人はぜひご一読をお勧めします。

IMPLEMENTATION OF ARTIFICIAL INTELLIGENCE

第 2 章

································

これだけは知っておきたい
AIの基本

SECTION 1

従来のソフトウェアとAIは どう違うのか

✦ AIにも段階がある

● AIの用語を整理しておこう

　ChatGPTの登場をきっかけに、AIへの関心が爆発的に高まりました。メディアでは「AIが人間の仕事を奪う」、「AIを規制しなければならない」といったセンセーショナルな報道が相次ぎ、AIに対する漠然とした不安や過度な期待が入り混じった状態になっています。しかし、AIについて語る前に、「そもそもAIとは何なのか？」、「どのような仕組みで動いているのか？」といったことを正しく理解している人は少ないのではないでしょうか。

　そこで本章では、機械学習、ディープラーニングといった基本的な用語の説明やそれらの内部の仕組み、そしてChatGPTのような最新の生成AIに関することまで、初学者でもわかるように解説していきます。AIに関する曖昧なイメージを払拭し、正しい知識を身につけることで、AIの活用方法や未来についてより正確に議論できるようになるはずです。

　AIを理解するための第一歩は、登場人物（用語）を知ることです。とくにAIの世界を彩るキーパーソンたちを整理しておくことが大切です。

　図表2-1をご覧ください。ここでは、中身を深く理解する必要はありません。それぞれの関係性を理解していただければ十分です。AI、機械学習、ディープラーニングといったものは、実は別物ではなく、このように包括関係にあります。

図表2-1 ｜ AI用語の関係性のイメージ

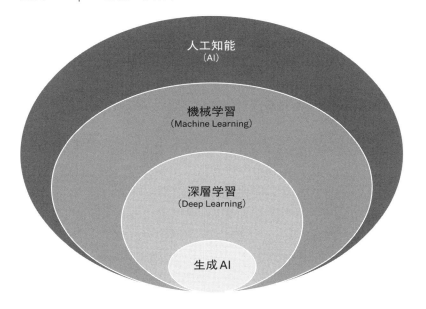

　いちばん外側にあるのが「人工知能（AI）」です。最近では、単純なプログラムで動く家電製品にも「AI搭載！」と謳われるほど、バズワードになっています。賢そうなもの、人間らしい動きをするものには、広く使われている印象がありますよね。

　そのAIを実現する技術の一つに「機械学習」という手法があり、そして、機械学習のなかでもとくに注目されているのが「深層学習（ディープラーニング）」です。ニュースなどで「ディープラーニングがすごい」と取り上げられることが多いので、AIとディープラーニングを同一視している方もいるかもしれませんが、正しくはAIを構成する手法の一つです。最近話題の生成AIも、このディープラーニングの技術を応用したものです。このように、AIは時代の変遷とともに、機械学習やディープラーニングといった新しい手法が次々と誕生し、進化を続けています。それでは、それぞれの登場人物について詳しく見ていきましょう。

● 人工知能（AI：Artificial Intelligence）

　最も幅広く、色々な意味で使われているのは、人工知能もしくはAIという言葉です。英語で人工的という意味の「Artificial」と、知能という意味の「Intelligence」という言葉の組み合わせで、すべての用語を包括する概念です。

　AIはあまりにも広範囲な意味を持つ言葉なので、実際の開発現場では曖昧さを避けるために、「この仕組みはAIを使って……」という表現はあまり使われません。どちらかというと開発現場ではなく、ビジネス企画書などであえて「AI」と書くケースがよく見られます。言葉自体が魅力的で、耳目を引きやすい響きを持っているためでしょうか。このAIというパワーワードが生まれなかったら、これほどまでに流行っていたのかはわかりません。そのぐらい印象に残る言葉ですよね。

　ですから、「AIとは何ですか？」と聞かれるのが、最も答えにくい質問の一つです。実は、AIには明確な定義がありません。AIは人間の知能を人工的に機械で再現しようとする試みから生まれた言葉ですが、専門家でも説明がむずかしい用語なのです。たとえば、AIという言葉の生みの親であり、スタンフォード大学で教鞭を執っていたジョン・マッカーシー教授は、「知的な機械、とくに知的なコンピュータプログラムをつくる科学と技術」と表現しています。ですので、ここでは、AIを「人間と同じような判断や動作を目指す技術」とざっくり理解しておけば大丈夫です。

　この図のいちばん外側の濃いグレーの部分は初歩的なAIであり、「ルールベースAI」とも呼ばれています。「もしAならば、Bをする」というルールを人間がひたすら書き込んでいくことによって動作します。このようなAIは、単純なルールに基づいて動作しますが、特定の場面においてはあたかも人間のように振る舞うこともできるため、広義のAIに分類されます。しかし、AIを語るうえで最も重要な概念である「学習する機能」は備わってい

ません。そのため、エンジニアのあいだでは、このタイプのAIをあまりAIと呼ぶことはありません。

● 機械学習（Machine Learning）

　さて、ここからが本丸です。AIに次いで広範囲な用途で使われる用語は、「機械学習」です。この機械学習という要素が加わると、AIの最も重要な学習機能が備わるため、一般的に私たちエンジニアがAIと言う場合は、この機械学習より内側の範囲を指します。そして、2010年代に入ってから、この機械学習が世の中に広まったことで、AIは飛躍的な進化を遂げました。

　「機械が学習する」というのは不思議な言葉ですよね。簡単にいうと、人間がルールをわざわざ記述しなくてもよくなりました。特殊な計算式に過去のデータを読み込ませることで、データに潜む特徴を自動的に見いだし、ルール化してくれます。しかし、入力するデータ（学習用のデータ）によって、そのルールはまったく異なるものになるため、制御するのがむずかしいという特徴もあります。

　世の中で活躍する狭義のAIのすべては、この機械学習が基礎となっており、非常に重要な概念です。

● 深層学習（Deep Learning）

　機械学習の一つの手法として、「深層学習（ディープラーニング）」があります。手法の一つというと、その重要性が伝わりにくいかもしれませんが、応用範囲は非常に広く、画像認識や自然言語処理など、様々な分野で活用されています。従来の機械学習では扱いきれなかった、画像や音声といった複雑で多様なデータを処理できるようになったことで、AIの新たな可能性を切り開きました。AIがここまで有名になったのは、ディープラーニングの貢献によると言っても過言ではありません。

　この技術が最も注目を集めたのは、2016年前後、「AIが囲碁

の世界チャンピオンに勝った」というニュースが世界を駆け巡った時期ではないでしょうか。DeepMindが開発した「AlphaGo（アルファ碁）」が、人間のプロ棋士を相手に圧勝したのです。囲碁は、その複雑さからAIが人間に勝つのは10年以上先と考えられていましたが、ディープラーニングの登場によって、その常識は覆されました。

　AlphaGoがなぜ人間を超える強さを手に入れたのか？　それは、ディープラーニングと、AIが自ら試行錯誤を繰り返して学習する方法を組み合わせたことにあります。まず、AlphaGoは過去の棋譜データを大量に学び、プロ棋士の打ち手を模倣しました。しかし、それだけではありません。AlphaGoは、自分自身と何千、何万回も対局を繰り返すことで、さらに強くなっていったのです。

　AlphaGoの成功は、ディープラーニングの可能性を世界に示し、AI研究を大きく前進させるきっかけとなりました。すでにビジネス現場でも多くの価値を生み出しているこの技術は、その後、生成AIの誕生にも大きく貢献することになります。

● **生成AI**（Generative AI）

　最後に、ビジネスのゲームチェンジャーとして注目されている「生成AI」です。とくにChatGPTはワイドショーにも取り上げられるほど話題となったAI技術であり、そのインパクトは計り知れません。ここで詳しく理解する必要はありませんが、生成AIは、ディープラーニングの一種であるTransformer（トランスフォーマー）という技術を採用しています。

　この技術は2017年にGoogleから発表された論文をもとに進化し、文章を理解する能力を飛躍的に向上させました。そのときの論文の名前が「Attention Is All You Need」。直訳すると、「あなたに必要なのは、注目することだけです」という感じでしょうか。実におしゃれなタイトルです。この「注目する」というロジックがAIを大きく前進させました。

従来のAIは、文章を単語の順番どおりに一つずつ処理していました。たとえるなら、文章を読むときに最初から最後まで順番に読んでいくようなイメージです。しかし、Transformerモデルは違います。文章全体を俯瞰し、重要な単語やフレーズを見つけ出して、そこに注目するのです。まるで、文章の要点を即時におさえる速読の達人のように、AIが重要な部分を把握し、文脈を理解できるようになったのです。このTransformerモデルの登場により、より自然で人間らしい文章を生成できるようになりました。ChatGPTがまるで人間が書いたような文章を生成できるのも、この技術のおかげなのです。

ちなみに、ChatGPTのGPTはGenerative Pre-trained Transformerの略で、事前にトレーニングされたTransformerモデルという意味です。

このように、AIは「ルールベース」から「機械学習」、「ディープラーニング」、そして「生成AI」へと進化を遂げてきました。それぞれの技術が互いに補完し合い、AIの可能性を広げています。

✦ 機械学習の仕組みはこうなっている

● 「機械が学習する」とはどういうことか?

「機械が学習する」と聞くと、ロボットが机に向かって勉強する姿を想像する方がいますが、実際の機械学習は違います。機械学習の「機械」は、工場などで稼働する機械のような物理的な実態を持つものではなく、コンピュータの内部で働くプログラムのことを指します。

機械学習を一言で表現すると、「コンピュータが大量のデータからパターンやルールを自動的に発見し、賢くなっていく技術」です。これから数式やプログラミングは一切使わずに、わかりやすく解説していきます。

まず、AIの最も重要な特徴である「学習」について理解を深めていきましょう。

図表2-2をご覧ください。AIは、ある情報を入力すると、何らかのデータを出力する「変換器」と捉えることができます。高度なAIも基本的には同じ仕組みです。

たとえば、数値を入力すると、異なる数値を返してくれる変換器もありますし、その数値をA／B／Cのようにカテゴリーに分類してくれる変換器もあります。または、画像を入れると言葉で返してくれたり、文章を入力すると、次に続く文章を予測して返してくれたり、いろいろな変換器が存在します。さらに、最近ではキーワードを入力するだけで、画像や動画、音楽を出力してくれる変換器が登場しましたね。このイメージを頭に入れながら読み進めてください。

では、この変換器はどのようにつくられるのでしょうか？　変

図表2-2 │ AI「変換器」のイメージ

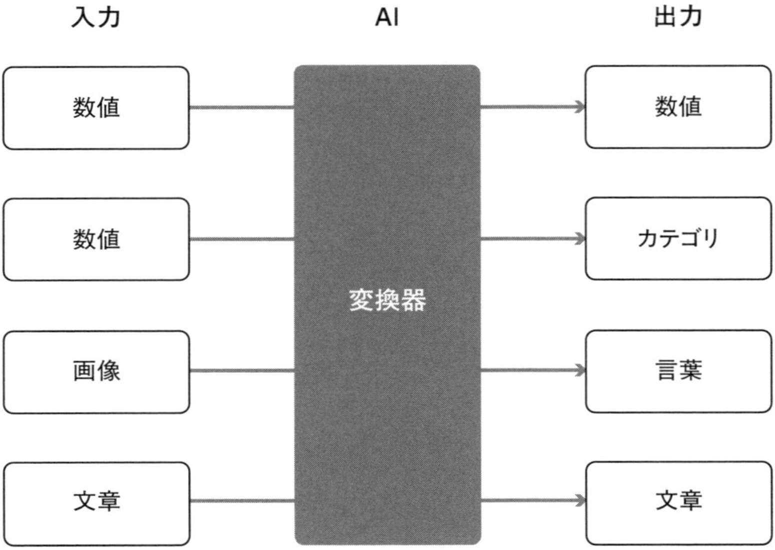

換するためには「ルール」が必要になります。以前は、人間が「もしAだったら、Bという処理をする」というように、一つ一つルールを定義して変換器をつくっていました。世の中にあるITシステムは基本的にこの仕組みです。先ほどの分類でいうと、最も外側にあるルールベースAIですね。

しかし、この方法には限界があります。問題が複雑になると、ルールが重複したり、煩雑になって管理できなくなったり、重要なルールを見逃したりする可能性があります。実際に第一次、第二次AIブームでは、この「複雑性の壁」に阻まれてしまいました。

この課題を解決するために、機械学習という救世主が現れました。人間がルールを定義するのではなく、過去のデータをもとにルールを自動でつくってくれる仕組みが登場したのです。データがたくさん用意できる環境では爆発的な威力を発揮します。

たとえば、迷惑メールフィルターは機械学習の登場で大幅に進化した機能の一つです。以前は、手動でルールを設定し、怪しいメールをブロックしていました。「特定の単語が含まれていたらNG」、「アドレスが偽装されていたらNG」といった具合です。しかし、この方法には限界がありました。新たな手口に柔軟に対応できず、迷惑メールではないメールを誤ってブロックしたり、逆に迷惑メールを見逃したりするケースが頻発したのです。まさに、いたちごっこの状態でした。迷惑メールを送る側もあの手この手でルールをすり抜けようとします。手動でのルール設定では、もはや太刀打ちできなくなっていたのです。

そこで、過去のメールデータに「OK：これは通常のメールです」や「NG：これは迷惑メールです」というラベルを付け、そのデータを特殊な計算式（アルゴリズム）に入力してルールを作成する画期的な方法が生み出されました。これが機械学習です。日々送受信される膨大なメールから特徴を抽出し、ルールが自動的に最適化されることで、迷惑メールの検知精度が飛躍的に向上しました。少し専門的な話になりますが、この仕組みには「ベイジア

図表2-3 | 迷惑メールフィルターの新旧比較

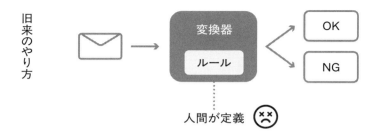
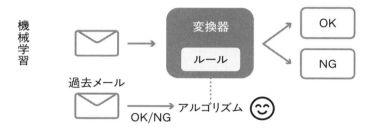

ンフィルター」と呼ばれるアルゴリズムが使われています。過去のメールから迷惑メールの特徴を抽出し、新しいメールを単語レベルで分析して、迷惑メールである確率を計算する仕組みです。現在では、さらに多様なアルゴリズムが組み合わさり、私たちの安全なメール利用を陰ながら支えています（**図表2-3**）。

このように過去データを機械学習のアルゴリズムに入力すると、データの特性やパターンを読み取って自動的に処理してくれます。これがAIの基本です。とても人間では処理できない量のデータをもとにルールを作成してくれるので、大助かりです。

この過去データからルールを見いだすことを「学習」といいます。人間が過去の経験を通じて、どうやったら成功できるか、どういう状況では失敗するか、これらを学びとるプロセスにとても似ています。ある意味では、とても人間的な動きですが、とんでもない量のデータを疲れ知らずに学習するので、とても真似でき

ませんよね。

　そして、過去データから学習してつくられた変換器のことを、AIの世界では「モデル」と呼びます。「モデルをつくる」ということは「過去データから学習して変換器をつくる」という意味です。一度このモデルをつくってしまえば、あとは簡単です。それを必要なときに何回も呼び出せば良いのです。大量のデータからルールを導き出すので、学習には時間がかかりますが、使う際には一瞬で答えを返してくれます。

　しかし、迷惑メールの手口は日々巧妙化しており、一度つくったモデルを使い続けるだけでは、いずれ見破れなくなってしまいます。そのため、AIによる迷惑メール対策では、モデルの定期的な更新が欠かせません。常に最新の迷惑メールデータを取り込み、モデルをアップデートすることで、その精度を維持し続ける必要があります。つまり、AIは、モデルの構築と運用が一体となって初めて効果を発揮します。

　どんなにむずかしいAIでも、基本的な考え方はこれと同じです。意外とシンプルですよね。

● 機械学習と従来型ソフトウェアの違い

　機械学習は、大量のデータからルールを自動的に発見し、未来を予測したり、意思決定を支援したりする技術であることを理解しました。これは学習するデータによってモデルが変化する「動的なソフトウェア」といえます。ルールが固定されずに動くから「動的」です。より多くのデータで学習すればするほど、重要な特徴が浮かび上がってきて、正解する確率もグンと上がります。

　一方、従来の多くのソフトウェアは、人間があらかじめルールをプログラムとして記述し、そのルールに従って動作します。このようなソフトウェアは、入力データが変わってもルールが変更されないため、「静的なソフトウェア」と呼ばれます。中身のルールが動かないから「静的」です。

この2つのソフトウェアはそれぞれ力を発揮する場面が異なります。

動的ソフトウェア（機械学習）は、人間には処理しきれない大量のデータから特徴を見いだす場合や、複雑で変化の激しい状況に対応する必要がある場合などに真価を発揮します。たとえば、過去の販売データから商品の売れ行きを予測したり、顧客の行動パターンからお勧めの商品を提示したりすることは得意です。しかし、ルールが固定されないため、100％間違いなく設計どおりの出力が期待されるタスクは苦手です。また、中身の動作原理が複雑なため、判断根拠の説明が必要な業務にも向きません。

そして何よりも、学習に使うデータの量や質によって、予測精度が大きく左右されます。データの量はわかりますが、データの質とはどういう意味でしょうか？　たとえば、大量にデータが存在しても、データがある一定の方向に偏っていたり、不要なノイズが多く含まれていたりすると、うまく学習できません。しかも、「過学習」といって、学習データに過剰に適合しすぎてしまい、新しいデータに対してうまく予測できないという問題も起こり得ます。たとえるなら、暗記に頼りすぎて応用問題が解けない学生と似ています。このように、従来型ソフトウェアに比べて機械学習は運用上の扱いがむずかしくなります。

一方、静的ソフトウェア（従来型のソフトウェア）は、ルールが明確で変更頻度が少ない業務でその真価を発揮します。たとえば、給与計算や確定申告など、社内規定や法律で定められたルールに基づいて処理を行なう業務は、一度プログラムを組めば、安定して正確な処理を継続できます。また、医療機器の制御や航空管制システムなど、人命に関わるミスの許されない業務では、高い精度と信頼性が求められます。静的なソフトウェアは、その動作が予測可能でエラー発生率が低いため、このような場面で安全性を確保するために用いられます。また、その明確な動作原理により、結果の根拠を説明しやすいため、透明性の確保にも貢献します。

このように、2つのソフトウェアは表裏一体の特徴を持っています。機械学習は素晴らしい技術ですが、すべての業務において有効に機能するわけではなく、業務の性質によって使うべきか、そうでないか判断することが必要となります。実際には、この2つの動的・静的ソフトウェアの利点を活かしながら、それらを組み合わせることによって、最適なITシステムをデザインしていきます。

● 機械学習の使い方を覗いてみよう

さて、それではここから、実際に機械学習の使い方を少しだけ覗いてみましょう。AIモデルの具体的な作成方法や実務適用については後の章で詳しく説明しますので、ここではどのような場面で使われているのか軽くイメージしてみてください。今回は、あなたが飲食店のオーナーになりきって、来客人数を予測する機械学習ソフトウェアをつくっていくという設定で話を進めていきましょう。

○ データを集めて「見える化」する

まず、お店の来客人数に関するデータを収集します。POSレジのデータや予約台帳などから、日付ごとの来客数を記録していきましょう。最初はExelに記録するだけでも問題ありません。

このお店はオフィス街にあるので、平日の来客数が多く、休日は少ない傾向があります。曜日ごとの来客数をグラフ化すると、この傾向がはっきりとわかります。しかし、よく見ると、経験則とは異なるパターンも存在します。休日や祝日でも、平日の来客数を上回る日があるのです。

平日以外にも来客数が増える理由を探るため、周辺のイベント情報を調べてみました。近くに野球場があり、試合がある日は当店が中継地点となるため、多くのお客様が来店することがわかりました。また、近くの神社で祭りが開催される日や、大盛り無料

キャンペーンを実施した日も、来客数が増える傾向があります。データを可視化したからこそ見えてきた特徴です。

◦ 説明変数（特徴量）を選定する

　これらの情報をもとに、来客数に影響を与えそうな項目をリストアップします。

　「日付、曜日、祝日の有無」、「天気」、「野球の試合の有無」、「神社の祭りの有無」、「大盛り無料キャンペーンの有無」などです。これらの項目をAIの世界では、「説明変数」または「特徴量」と呼びます。そして、予測したい来客数を「目的変数」と呼びます。

◦ 機械学習モデルを作成する

　記録した過去の来客数データと、それに対応する説明変数の値を機械学習のアルゴリズムに入力します。すると、アルゴリズムは自動的にパターンや規則性を見いだし、未来の来客数を予測するAIモデルを作成することができます。このように正解が付いた学習データのことを「教師データ」といいます。

◦ 作成したモデルを評価する

　過去のデータを用いてモデルを評価すると、高い精度を持つことが確認できました。また、モデルの予測結果から、熟練の従業員でも気づかなかった傾向が明らかになりました。たとえば、来客数の予測が特定の日付に大きく影響されていることがわかりました。詳しく調べてみると、23日や24日など月末の給料日前には近くの激安弁当店が賑わい、それに伴い当店の来客数が減少する傾向があることが判明しました。

◦ 実際にモデルを利用してみる

　このAIモデルを使って来週の来客数を予測してみます。その

結果をもとに、効率的なスタッフのシフトや、食材ロスを最小化するための仕入れ量を決定します。また、モデル作成時に判明した特徴を活かして、様々な施策を考案します。たとえば、給料日前には特別メニューや割引キャンペーンを行なうなどの工夫です。

このように機械学習は、従来のソフトウェアとは異なる考え方で作成していくため、一般的なITシステム開発と同じように進めようとすると、うまくいかないことが多いのが事実です。後ほど説明しますが、一度、固定的なシステム開発のプロセスから離れて、試行錯誤できる環境が重要となってきます。

● 機械学習に不向きなこと

AIの進化は目覚ましく、できないと予想していたものが、いつの間にかできるようになってしまう世界です。ですから、なるべく「AIにできないこと」を明言することは避けているのですが、しかしながら、どんな技術にも限界があるように、機械学習にも「不向きなこと」が存在するのも事実です。この点を正しく理解し、AI導入の目的に合致しているかを見極めることが、プロジェクトの成功に不可欠となります。

まずは先ほど述べたように、従来型の静的なソフトウェアが向いている業務というのは、すべからく機械学習にとっては苦手分野といえるでしょう。

たとえば、法律や社内規定で定められた明確なルールに基づいて処理を行なう業務、高い精度と信頼性が要求されるミッションクリティカルな業務、判断理由の透明性確保が必要な業務などは、無理に機械学習を用いず、従来型のルールベースでシステムを構築し、正確で安全な運用を確立することが必要となります。

そして、これら以外にも一見、機械学習と相性が良いように見えるもののなかに、落とし穴が潜んでいる場合があります。キーワードは「未知」、「偶発」、「複雑」、「常識」の4つです。これらのキーワードに当てはまるものは、機械学習で解決することはむ

ずかしくなり、AIの企画としては筋が良いとはいえません。順に説明していきます。

◦ 未知：過去データが存在しないもの

一つ目として、「過去データが存在しない現象」は機械学習では解決できません。まだ経験したことがない「未知」の事象です。もちろん、これから説明するディープラーニングや最新のAIでも同じです。少し大袈裟な表現かもしれませんが、未知の課題に対峙し、新たな扉を開くのはAIではなく私たち人間です。

理由はとてもシンプルです。学習に用いる教師データがないと何も始まらないからです。たとえば、コロナ後の経済状況や訪日客の増減等は過去データがなく、AIでは対応できませんでした。また、新製品の販売数や新しい法律の施行後の影響などは過去のデータが存在しないため、AIでは予測できません。仮に似たような商品や法律が過去にあったとしても、周辺環境などすべての状況が重なることはありませんので、機械学習での解決は困難と言わざるを得ません。さらに、社会の価値観や流行、個人の嗜好なども、常に変化し続けるため、過去のデータに基づいた予測は困難を極めます。

このような課題に対しては、専門家の知見や、市場調査、アンケートなど様々な手法を駆使して対応することになります。もしくは、将来を予測するのではなく、素早く状況を把握する仕組みをつくり、迅速に対処するといったパッシブ（受動的）な方法を取ります。状況に合わせて「柳のようにしなやかに」ということですね。

◦ 偶発：ランダムに発生するもの

二つ目は「偶発的に起こる現象」です。先ほど説明したとおり、機械学習は大量のデータからパターンを見つけ出し、未来を予測する技術です。つまり、AIが得意とするパターン認識が通用し

ない現象には太刀打ちできません。

　たとえば、サイコロの出目やルーレットの結果、コイントスの裏表などは、その都度ランダムに決定されるため、過去の結果から未来を予測することはできません。また、宝くじの当選番号なども、偶然性が大きく影響するため、機械学習による予測は困難です。

　これらの現象は、予測するのではなく、可能性がある事象にはすべからく対処できるように準備するという方策を取らざるを得ません。どうしても構造を把握したい場合は、確率論や統計学的なアプローチにより解決を試みます。その発生確率や分布を分析し、リスク管理や意思決定に役立つ情報を提供することを目指し、ビジネス上の課題を解決していきます。

◦ 複雑：メカニズムが複雑すぎるもの

　三つ目として「メカニズムが複雑でデータが取得しにくい現象」も機械学習にとっては難題です。

　たとえば、地震の発生メカニズムは非常に複雑であり、関連するデータも膨大で、入手が困難なものも多数あります。また、地球温暖化や異常気象などの気候変動も、様々な要因が複雑に絡み合っており、過去のデータだけでは正確な予測がむずかしいといえます。さらに、経済の動向や社会情勢の変化なども、複雑な要因が相互に影響し合うため、機械学習による予測は容易ではありません。様々な手法で株価や為替の予測が試されていますが、その結果から考えると、ランダムウォークするものは機械学習が不向きといえます。

　また、天気予報もだいぶ正確になったと感じるのですが、1週間程度が限界だそうです。「初期値鋭敏性」といって、ほんのわずかな条件の変更が時間の経過とともに拡大し、最終的にはまったく異なる結果をもたらすからです。大気の流れや海流などが微妙に変化することによって数日後の天気予報に影響を及ぼすこと

もあるそうです。

○常識：倫理的・道徳的判断を伴うもの

　最後に重要な観点として「常識」が挙げられます。現在の技術では、常識的な判断や倫理的・道徳的な判断を行なうことを期待してはいけません。AIは大量のデータを学習し、パターン認識や予測を行なうことができます。しかし、私たち人間が持つような常識的な判断や倫理的・道徳的な判断は、現在の技術ではまだ困難です。

　たとえば、ChatGPTのような生成AIは、人間と自然な対話ができ、一見すると常識的な応答をしているように見えます。しかし、それはあくまで言語を記号として統計的に処理している結果であり、人間のように経験に基づいた常識を持っているわけではありません。そのため、私たちが生まれてから積み重ねてきた経験や社会的な文脈を理解することができません。AIの判断を鵜呑みにしたり、重要な決定を委ねたりすることは危険です。

　このように、機械学習は過去のデータに基づいて未来を予測する強力なツールですが、決して万能ではありません。機械学習が得意とすること、不得意とすることを正しく理解し、適切な場面で活用しましょう。

SECTION 2

ディープラーニングで大きく進化したAI

✦ 従来のAIとは一線を画す画期的な技術

● 彗星の如く現れたチャンピオン

　ここからは第三次AIブームの火付け役「ディープラーニング」について解説します。機械学習の一つの方法ですので、これまで説明してきた機械学習の仕組みや不向きなことは、もちろんこのディープラーニングにも当てはまります。では、これまでの機械学習とは何が違うのか、どのようなブレークスルーが起こったのか、といった点について詳しく見ていきましょう。

　なお、わかりやすくすることを優先するため、説明をあえて簡略化している部分があります。もし本書をきっかけにディープラーニング沼にハマった方がいましたら、ぜひ専門書や大学が公開している資料などを参考にして、さらに深く学んでみてください。

　さて、2010年から2017年にかけて、ILSVRCという画像認識の精度を競う世界大会が開催されました。実は、初代王者はNEC（日本電気株式会社）のチームでした。様々なアルゴリズムを組み合わせて当時最先端といわれる手法で優秀な成績を上げました。しかし、それから2年後の2012年、その記録を一気に抜き去るモンスターAIが登場したのです。

　それは、トロント大学のジェフリー・ヒントン教授率いるチームが開発した「AlexNet」というAIでした。AlexNetは、それまで機械学習では扱いがむずかしかった画像データを高精度に分析することを可能にし、従来のAIとは一線を画す画期的なもので

した。その心臓部には、「ディープラーニング（深層学習）」と呼ばれる技術が搭載されており、この技術こそが現在のAIブームを引き起こすきっかけになったのです。

図表2-4をご覧ください。ILSVRC優勝チームのエラー率の推移を示していますが、この値が低いほどAIの画像認識能力が高いといえます。2011年までが従来型の機械学習であり、2012年で一気に10％近くエラー率を改善したのをみると、いかに大きなブレークスルーが起こったかがわかります。それ以降の進歩はすさまじく、人間のエラー率が5％程度と言われているなかで、2015年時点ではすでに人間の識別能力を超えています。そして、2017年の大会では、2.3％と驚異的なスコアが出ており、人間を大きく上回る結果を残しました。

余談ですが、ヒントン教授のもとでAlexNetを開発した中心メンバーの一人にイリヤ・サツケヴァー氏がいます。彼は、後に

図表2-4 │ ILSVRC歴代優勝チームのエラー率

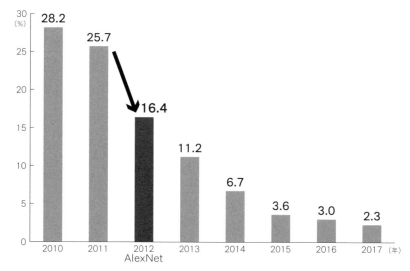

出所：Image-net.orgをもとに著者作成
https://image-net.org/challenges/LSVRC/index.php

OpenAI社を共同創業し、ChatGPTの開発において中心的な役割を果たしました。このことからも、生成AIは長年のディープラーニング研究の成果の上に成り立つ技術であり、突然現れたものではないことがわかります。

● 言語化できない特徴を学習する

　このディープラーニングのすごさは、一言で表すと、人間が説明変数（特徴量）を定義しなくても、AIが自らパターンを抽出し、学習を進めることができる点です。

　従来の機械学習では、人間がデータを構造化し、そこから説明変数（特徴量）を抽出してAIに学習させていました。たとえば、先ほどの例のように飲食店の来店客数を予測する際には、「日付・曜日・祝日の有無」、「天気」、「野球の試合の有無」など、人間が経験や知識に基づいて、関係する変数を定義していました。

　ここで扱われるデータ形式は、テーブルデータと呼ばれる表形式で表現できるシンプルなものです。このような予測分析にはいまもなお従来型の機械学習が効力を発揮します。しかし、画像や音声のような複雑なデータの場合、どうやって私たち人間が関係する変数を抽出すれば良いのでしょうか？　この問題を解決したのがディープラーニングです。具体的な例でイメージしていきましょう。

　AlexNet以前の機械学習の手法では、画像データにおいても研究者が手作業で特徴量を抽出し、それをAIに学習させていました。たとえば、リンゴをAIに認識させるためには、「赤い色」「丸い形状」「ヘタの構造」といった特徴をできるだけ正確に列挙します。しかし、どれだけ細かく定義しようと試みても、リンゴにとてもよく似たトマトの画像を読み込ませると、なかなか分別がつきません。わかりやすいヘタの構造的な違いの他にも、赤色の強さや表面の光沢、グラデーションのかかり具合など、リンゴとトマトの特徴をすべて言語化することは非常に困難であり、微妙な

違いをコンピュータに理解させることは至難の業です。

　一方、現実世界では、小さな子どもでもリンゴとトマトの違いはすぐにわかります。それは、人間がほぼ直感的に、言語化できない要素も含めて判断しているからです。私たちも普段から無意識にそのように物を見分けています。なぜリンゴだと判断したのか、その理由を事細かく言語化して機械学習用の特徴量にすることは、実際には非常にむずかしい作業となります。この人間の直感的な判断能力をAIで再現したのが、ディープラーニングなのです。

　昨今、ディープラーニングの進化によって、職人が長年培ってきた熟練の技をAIに模倣させるプロジェクトが盛んに進められています。これは、AIが人間の直感や暗黙知といった言語化がむずかしい要素を捉え、それを形式知として再現できるレベルに達したからです。この技術の発展により、従来は人間の経験や感覚に依存していた分野でも、AIが新たな価値を生み出す可能性が広がりつつあります。AIが職人技を学び、継承し、さらにはそれを進化させる未来がすぐそこにきているのです。

● 人間の脳を模倣した画期的な仕組み

　ディープラーニングの基礎となるのは、人間の脳の構造を模倣した「ニューラルネットワーク」と呼ばれる仕組みです。人間の脳では、たくさんの神経細胞（ニューロン）がつながっていて、情報をやり取りしているといわれています。このニューロンのつながりを真似してつくられたAIの学習モデルがニューラルネットワークです。ディープラーニングでは、このニューラルネットワークを何層にも重ねて使います。

　なぜ「ディープ（深い）」という名前なのかというと、このニューラルネットワークの層を深くしていくことで、より複雑な学習ができるようになるからです。それぞれの層が自分たちの役割を持ち、次の層に重要な情報を引き継いでいきます。まるで熟練の

図表2-5 ディープラーニングの内部構造イメージ

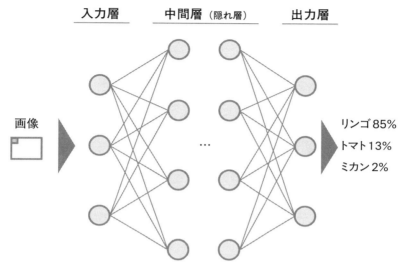

職人たちが手分けして一つの作品をつくり上げるように、層ごとに持ち場の情報を処理し、それを次につなげながら、全体として深い理解を形成していくのです。

　たとえば、画像認識の場合、最初の層では画像の色の濃淡や輪郭などの単純な特徴を捉えます。次の層では、ヘタや表面の質感、形状などのパーツを認識し、さらに次の層では、それらのパーツを組み合わせて、リンゴ全体の構造を認識します。そして、最後の層で、「これはリンゴだ！」と判断するのです（図表2-5）。このように、それぞれの層が少しずつ違う特徴を捉え、情報を段階的に処理していくことで、最終的にAIは画像に何が写っているのかを判断できるようになります。中間層（隠れ層）を増やせばそれだけ細かい特徴をキャッチできますが、計算時間が増したり、複雑すぎて逆に精度を落としてしまったりするので、実は単純ではありません。

この過程で、AIは人間が特徴を定義しなくても、「リンゴ」とラベル付けした教師データを大量に用意すれば、リンゴと他の物体を区別するための特徴を自ら発見していきます。

　さらに、少し専門的になりますが、AIが正しく学習するための重要な仕組みとして「バックプロパゲーション（誤差逆伝播法）」があります。これは、AIが予測を間違えた際に、その誤りをもとにモデル全体を調整する方法です。

　たとえば、AIがリンゴの写真をトマトと判断してしまった場合、AIはその誤りを使って、「どの特徴を重視すべきだったのか」を答えから逆に伝播して確認していきます。色や形、表面の違いなど、リンゴとトマトを区別するために重要な要素をもう一度見直し、重み（重要度）を調整していくのです。この作業を繰り返すことで、AIは徐々にリンゴの微細な特徴を理解し、最終的にはトマトとの違いを正確に見分けられるようになります。つまり、AIは誤りを活用しながら、次に改善すべき点を答えから逆にたどるようにして学習を進めていきます。

● ディープラーニングなら万能というわけではない

　こんなにすごいAIならすべての機械学習プロジェクトで採用すれば良いじゃないか、という意見が出そうですね。しかし、実際にはそうではありません。ディープラーニングは、画像や音声のような複雑なデータの処理でとくに高い性能を発揮しますが、先ほどのように来店客数を予測するようなタスクでは、もっとシンプルな手法が適している場合があります。

　ディープラーニングは、その複雑な構造ゆえに学習に大量のデータと計算資源を必要とします。一方で、表形式の比較的単純なデータに対しては、より軽量なモデルでも十分な精度を出すことができます。このような場合、ディープラーニングを導入すると、コストや時間がかかりすぎるうえに、必ずしも最高の結果が得られるとは限りません。

また、ディープラーニングの大きな魅力は、複雑なデータ形式に対して人間が特徴を細かく教えなくても、AIが自分で特徴を見つけて学習できる点です。一方で、この魅力の裏返しとして、ディープラーニングはブラックボックス性が高いという重大な欠点も抱えています。つまり、なぜAIが特定の判断を下したのか、その根拠が人間には理解しにくいのです。たとえば、なぜトマトではなくリンゴと判断したのか、AIの思考プロセスを追跡することは困難です。人間の直感的な判断を模倣するような振る舞いは、たとえAIであっても説明責任を果たすことはむずかしいのです。

　この課題に対して、最近ではXAI（Explainable AI：説明可能なAI）という研究分野が盛んになっており、AIの判断根拠を人間に理解しやすい形で提示する技術の開発が進んでいます。将来的には、このブラックボックス問題も解決され、ディープラーニングはさらに発展すると思います。

　余談ですが、人工知能というキャッチーな名称もさることながら、ディープラーニングが人間の脳を真似してつくられたという情報が一人歩きし、「AIは人間の脳と同じ」という誤った認識が広まったような気がします。あくまで人間の脳を「模している」だけなので、人間の脳の構造が完全に解き明かされているわけではありません。ここを勘違いせずに、便利な道具として使っていくことが大切です。

● AIの3つの学習方法

　AIの学習方法は、人間と同じように様々なスタイルがあります。ビジネスの現場で主に活用されるのは、「教師あり学習」、「教師なし学習」、「強化学習」の3つです。ではそれぞれの特徴と、どのような場面で活用されるのかを見ていきましょう。

。教師あり学習：ビジネスの定番スタイル

　教師あり学習は、AIに「答え」を教えながら学習させる方法です。迷惑メールフィルターを開発する場合、あらかじめ「通常のメール」「迷惑メール」というラベルが付いた大量のメールデータをAIに学習させましたね。このようにAIは、教師データから迷惑メールの特徴を抽出し、新しいメールが来た際にそれが迷惑メールかどうかを判断できるようになります。

　画像認識AIの場合も同様です。リンゴを認識するAIをつくるには、まず「リンゴ」と「リンゴではない」というラベルを付けた大量の画像をAIに学習させます。AIは、この教師データをもとに、特徴を学び、新しい画像がリンゴであるかどうかを高い精度で判断できるようになります。

　教師あり学習は、AIの学習方法のなかでも最も基本的かつ理解しやすい手法であり、本書でこれまで行なってきた機械学習の解説は、すべてこの教師あり学習をベースにしています。

　さらに、教師あり学習は、「回帰」と「分類」の2つのタイプに分けることができます。

　回帰とは、数値を予測する場合に使います。たとえば、過去の売上データから未来の売上を予測したり、気温や湿度から農作物の収穫量を予測したりするといったケースが挙げられます。一方、分類とは、データをいくつかのグループに分類する場合に使います。たとえば、顧客の属性や購買履歴から「優良顧客」「一般顧客」「休眠顧客」などに分類したり、工場のセンサーデータから「正常」「異常」を判別したりするといったケースが挙げられます。

　私の経験上、ビジネス現場でAIを開発する際には、この教師あり学習を用いる場合がほとんどです。なぜなら、多くのビジネス課題は「過去のデータから未来を予測する」という形で解決できるからです。中堅・中小企業においても、特殊なケースでない限り、この教師あり学習を念頭に置いてAI導入を検討していきましょう。

教師なし学習：データの隠れたパターンを発見

　AIは教師データがないと学習できないじゃないかと思うかもしれません。その疑問を持つこと自体、すでにAIの基本を理解している証拠です。たしかにAIはデータから学習しますが、教師なし学習という手法を使えば、「正解ラベル」のないデータからも価値を引き出すことができます。

　教師なし学習とは、AIが自らデータのなかに潜むパターンや関連性を見つけ出す学習方法です。学習データは必要ですが、あらかじめ「答え」を与える必要はありません。たとえば、顧客アンケート分析において、AIは回答者の属性や意見に基づき、類似する顧客を自動的にグループ化します。これを「クラスタリング」と呼びます。

　また、POSデータの分析から「一緒に購入されやすい商品」を特定することができます。とくに有名な事例が、ビールとオムツの意外な組み合わせです。あるスーパーマーケットの購入データを分析した結果、若い父親がオムツを購入する際に、ついでにビールも買う傾向があることが明らかになりました。このような洞察は「アソシエーション分析」として知られ、商品の配置や販売戦略の最適化に役立ちます。

　このように、教師なし学習はデータの特徴を自動的に抽出し、分類することができます。「このデータを4つのグループに分けて」と指示するだけで、AIはデータの特徴を捉え、4つのグループに自動分類します。これは、大量のデータを手作業で分類することが困難な場合や、分類基準が明確でない場合にとくに有効です。

　さらに、教師なし学習は教師データの収集がむずかしい状況でもその真価を発揮します。製造業の不良品検査を例に考えてみましょう。製品によっては、不良品が極めて稀にしか発生しないため、不良品の教師データを十分に集めることがむずかしい場合があります。このようなケースでは、教師なし学習を用いて、良品

データのみから「正常な状態」を学習し、そこから逸脱したものを不良品と判断するアプローチが有効です。これは「良品学習」とも呼ばれ、従来の検査手法では見逃されてしまうような、微細な異常も見つけることが可能となりました。

◦ 強化学習：失敗を繰り返して賢くなるAI

強化学習は、AIが試行錯誤を繰り返しながら、与えられた環境のなかで報酬を最大化するように学習する方法です。この学習方法は、子どもが自転車の乗り方を覚えるプロセスによく似ています。

子どもが自転車に乗ることを学ぶとき、最初はペダルを漕ぐこともバランスを取ることもできません。しかし、何度も転びながらも練習を重ねるなかで、徐々にバランスを取り、ペダルを漕ぐタイミングを掴んでいきます。転ぶたびに「痛い」というネガティブな報酬を受け取り、うまくバランスが取れたときには「楽しい」というポジティブな報酬を受け取ることで、子どもは最終的に自転車に乗れるようになります。

強化学習もこれと同じ原理で、AIはある「環境」のなかで様々な「行動」を試します。そして、その行動の結果として得られる「報酬」に基づいて、どの行動が最適かを学習していきます。

たとえば、DeepMindが開発したAI「AlphaGo」の事例を考えてみましょう。AlphaGoは囲碁の対局を通じて、数百万回の対局を重ね、その結果得られる勝利や敗北という「報酬」に基づいて学習を進めました。最初は人間の対局データを学び、その後自らコンピュータ相手に対局を繰り返すことで、どの戦略が勝利に結びつくかを学習していったのです。このようにして、AlphaGoは報酬を最大化する方法を見つけ、最適な行動を取れるようになりました。

ただし、自動運転のように現実世界で試行錯誤を行なうのは、物理的な制約や安全性の問題から困難な場合があります。何回も

衝突させるのは現実的ではないですからね。そこで、強化学習では、現実世界を模倣した仮想環境（シミュレーター）を構築し、その中でAIに試行錯誤させることが一般的です。シミュレーター内であれば、AIは安全に、そして効率的に学習を進めることができます。

　このように、強化学習は、明確な指示や正解を与えなくても、AIが自ら試行錯誤を通じて最適な行動を学習できるという点で、非常に有効な学習方法です。ゲームの攻略や自動運転車の制御など、様々な分野で応用が期待されています。一方で、強化学習は他の学習方法に比べて複雑で、学習に時間がかかるという側面もあります。そのため、現時点では、中堅・中小企業が強化学習を活用できる場面は限定的です。しかし、AI技術の進歩は目覚ましく、今後、強化学習がより身近な存在になる可能性もありますので、概要だけは押さえておきましょう。

✦ ついに「自ら創造する」AIが登場

● 生成AIとは何か

　イギリス出身のSF作家アーサー・C・クラークは「十分に発達した科学技術は、魔法と見分けがつかない」という名言を残しています。私も初めて生成AIに触れたとき、真っ先にこの言葉が頭に浮かびました。まるで魔法のように、言葉や画像を生み出すAIの技術に驚かされたのです。ここ数年のAIの進化は目覚ましく、以前は想像もできなかったようなことができるようになっています。まるで魔法のようなAIの世界を、一緒に学んでいきましょう。

　ただし、この分野はあまりにも進展が速く、数カ月前の情報が陳腐化してしまう恐れがあります。ですので、本書ではその中心的な概念にとどめ、読者のみなさまが生成AIの恩恵を受けるう

えで必要な部分のみにフォーカスして解説していきます。

　生成AI（Generative AI）とは、インターネット上に存在する膨大なデータから学習し、新しいコンテンツを生み出すことができる人工知能です。文章、画像、音楽、プログラムコードなど、多岐にわたる分野で「0から1を生み出す」という、これまで人間にしかできないと考えられていた領域に踏み込む能力を持っています。

　そのアウトプットは時に人間がつくったものと見分けがつかないほど高度であり、これまで人間にしかできないと考えられていた「アイデア創出」さえもAIが担うといったことが現実のものとなりました。この大きなイノベーションは、ビジネス、アート、エンターテインメント、教育など、社会の様々な分野に大きな変革をもたらすと予想されています。

　実は、生成AIといってもその種類は多岐に渡ります。

　代表的なものは、OpenAIが開発したテキスト生成AIの「ChatGPT」です。人間と自然な対話を行なうことができ、質問応答、文章生成、翻訳、要約など、様々なタスクをこなす対話型AIとして広く知られています。また、Googleが開発している「Gemini（ジェミニ）」や、Anthropicの「Claude（クロード）」も、ChatGPTのライバルとして注目されている対話型AIです。Meta（旧Facebook）も独自のテキスト生成AIを開発しており、生成AIの分野での競争は激化しています。そして、マイクロソフトからはOfficeと連携可能なMicrosoft Copilot（コパイロット）が登場しました。

　画像生成AIも急速に進化しています。「Midjourney（ミッドジャーニー）」は、まるで魔法の筆を持っているかのように、言葉で指示するだけで、高品質な画像やイラストを生成します。「星空の下で踊る猫」や「和服で車に乗る人」など、あなたが思い描くイメージを言葉で伝えるだけで、その言葉が瞬時に美しい絵へと変換されます。Stability AIが開発した「Stable Diffusion（ステーブル・

ディフュージョン）」も、Midjourneyと同様にテキストから画像を生成することができるAIです。さらに、OpenAIは画像生成AI「Dall-E（ダリー）」にとどまらず、動画生成AI「Sora（ソラ）」も発表しました。これは、テキストや画像による指示から高品質な動画を生成できる画期的な技術であり、映像制作やコンテンツクリエーションの世界に新たな可能性をもたらしています。

音声合成AIも、近年目覚ましい発展を遂げています。従来は大量の音声データが必要でしたが、現在では短い音声サンプルからでも、特定の人物の声質を再現した音声を生成することが可能になりつつあります。これにより、本人の声を収録せずに任意のナレーションを読み上げさせたり、アバターに手軽に音声を付加したりすることができます。最近では、テレビのニュース番組で「AI自動音声でお伝えしています」というアナウンスを耳にする機会も増えましたね。

本書では、中堅・中小企業での活用が期待されるChatGPTなどの対話型のテキスト生成AIを中心に解説します。以降の文章で「生成AI」とは、とくに断りがない限り、テキスト生成AIを指します。

● 従来のAIと生成AIの違いは？

生成AIを理解するうえで欠かせないのが、「基盤モデル（Foundation Model）」という仕組みです。次ジ図表2-6をご覧ください。これまでのAI開発は、企業が自ら学習データを用意し、そこから特定のタスク（予測や分類など）に特化したAIモデルをそれぞれ構築していました。たとえば、質疑応答に答えるAIをつくりたいなら、テキスト形式の学習データを大量に準備しますし、画像識別AIをつくりたいなら、それ専用の画像データを揃えてモデルを構築します。つまり、それぞれのタスクごとにデータを準備し、専用のモデルを作成する必要がありました。

一方、生成AIは、すでにインターネット上の膨大なデータで

図表2-6 | 従来のAIモデルと基盤モデルの違い

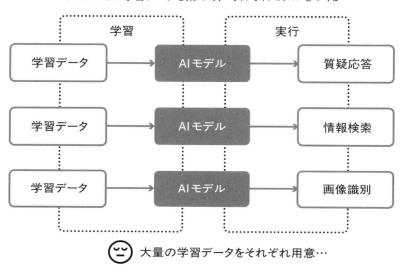

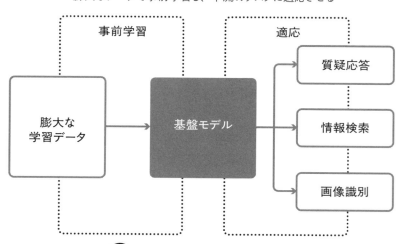

事前学習した「基盤モデル」を利用し、下流のタスクに適応させるアプローチをとります。たとえば、Google翻訳は文章の翻訳に特化したAIですが、同じGoogleが開発中の生成AI「Gemini」は、翻訳だけでなく、メールの文案作成、文章校正、さらには画像認識や音声解析といった多岐にわたるタスクをこなすことができます。一つのAIモデルで様々なタスクに対応できる「汎用性」を持ち合わせている点が基盤モデルの大きな特徴です。これにより、大量にデータを持つ大企業だけでなく、中堅・中小企業が高度なAI技術を迅速かつ容易に利用できるようになったのです。

　基盤モデルのなかでも言語に特化したモデルを「大規模言語モデル（LLM：Large Language Model）」と呼びます。一般的には「LLM（エルエルエム）」と略称で呼ばれることが多く、このLLMの登場がAI分野に大きな革新をもたらしました。さらに最近では、LLMに画像や音声などの他のデータ形式も統合したモデルが登場しています。このような、テキスト、画像、音声、動画など、異なる種類の情報を同時に理解し、それらを組み合わせてタスクを実行する能力を持つAIモデルは「マルチモーダル」と呼ばれます。これにより、AIはより直感的で複合的なタスクを行なうことが可能になり、たとえば、画像の内容を理解して説明したり、音声をテキストに変換して翻訳したりすることができるようになりました。

　LLMの開発には、膨大な計算資源と高度な技術が必要となります。たとえば、OpenAIが開発した旧モデルのGPT-3でも数百万ドルの費用がかかったとされており、Google、Amazon、Meta、Apple、Microsoft（GAFAM）のような巨大IT企業でなければ、基盤モデルの開発は困難な状況です。

　しかし、LLMのような基盤モデルをつくることは非常に大変ですが、それらを活用するうえでは大企業も中小企業も個人事業主も、スタートラインは変わりません。自社で大量のデータを保有しなくても使い始めることが可能です。むしろ、いかに創造的

なアイデアで基盤モデルを使いこなすかが、競争優位性を生み出す鍵となりますので、小回りの利く中小企業やスタートアップのほうが有利ともいえます。

● 生成AIのメカニズム

LLMは、人間が言葉を学ぶように、インターネット上の膨大なテキストデータを吸収することで成長します。その学習量は、私たちが一生かけて読む本とは比較にならないほど膨大で、たとえば、OpenAIのGPT-4は、書籍にして1億冊以上に相当すると言われています。この莫大なデータから、言葉の意味や文脈、そして人間らしい言葉のニュアンスまでも学習していくのです。

LLMの学習は、主に「自己教師あり学習」と呼ばれる方法を用いて行なわれます。これは、大量のテキストデータから単語を隠して、その隠された単語を予測する、という作業を繰り返すことで学習を進める方法です。他にも、文の順番を並べ替えて正しい順番を予測したり、文章の続きを予測したりするなど、様々な方法でモデルを鍛え上げます。これらは、たとえるなら、受験生が自ら「穴埋め問題」や「並べ替え問題」を作成し、それを何回も解き続けることで知識を深めていくようなイメージです。AIはコンピュータなので、驚異的なスピードで大量の問題を解き、言語能力を飛躍的に向上させていきます。

しかし、インターネット上のテキストデータには不適切な情報も含まれるため、この学習方法だけでは問題が生じます。差別的な発言や誤情報などを学習してしまうと、AIも同様の不適切な発言をする可能性があるのです。2016年にMicrosoftが公開した対話型AI「Tay」は、まさにこの問題を露呈しました。Tayは、悪意あるユーザーからの不適切な発言を学習し、差別的な発言を繰り返すようになってしまったのです。

このような事態を防ぐため、LLMの学習には、不適切な情報を排除する技術に加え、「RLHF：Reinforcement Learning from

Human Feedback（人間からのフィードバックによる強化学習）」と呼ばれる手法が導入されています。RLHFは、AIが生成した回答を人間が評価し、その評価をもとにAIが学習する仕組みです。具体的には、AIが複数の回答を生成し、人間が最も適切なものを選択したり、回答の質を評価したりします。AIはこのフィードバックを吸収し、人間の価値観や倫理観を学習することにより、人間が好む、より適切な回答を生成できるようになるのです。

　さて、こうして学習したLLMは、「Next Token Prediction（次のトークンを予測）」という機能を駆使して、人間と自然な対話を行ないます。これは、文章を「トークン」というAIが理解できる単位に分割し、次に続くトークンを予測して、文章を生成していく仕組みです。名前だけ聞くとむずかしそうですが、仕組みは非常にシンプルです。次に続く言葉を予測して、言葉同士をつなげることにより文章を完成させます。具体的に見ていきましょう。

　たとえば、文章の続きを予測するゲームを想像してみてください。誰かが文章の一部を読み上げ、あなたは続きを予測して言葉をつなげていく、そんなゲームです。「今日は天気が良かったので、公園へ……」と読み上げられたら、あなたはどのような言葉をつなぐでしょうか？

　「散歩に行きました」とつなげるかもしれませんね。実は、LLMもこれとまったく同じことをしています。文章の一部を与えると、次に続く可能性が高い言葉を予測し、それを元の文章につなげます。そして、さらに次の言葉を予測する。これを繰り返すことで、AIは文章全体を生成します。つまり、ChatGPTは、統計的に確率の高い言葉を巧みに組み合わせ、数珠つなぎにしているだけです。意外とシンプルなロジックで動いているのです。

　ポイントは、AIが次にくる言葉の確率を計算することです。前の文に子どものことが書いていあったら、「公園へ遊びに行きました」かもしれませんし、家族や恋人のことが書いてあれば「公園へピクニックに行きました」のほうがしっくりくるかもし

れません。このように文脈も踏まえつつ高確率と判断すれば、LLMはそちらを選びます。生成AIは大量の文章データから学習することで、自然な文章のつながり方を学び、確率だけでなく、ときには意外な言葉を選ぶことで、クリエイティブな文章を生み出すこともあります。内部の設定を調整することで、意外性を重視した文章を生成するということも可能です。

　ここからは少しテクニカルになりますが、日本語よりも英語のほうが高性能といわれている理由について説明します。LLMの学習データは、インターネット上のテキストデータが中心となります。そのため、英語のテキストデータが圧倒的に豊富であることから、LLMは英語のほうが有利であるといわれています。しかし、最近では日本語のテキストデータも大量に収集・学習されるようになり、日本語の処理能力も大幅に向上していますので、そのまま日本語で使用しても問題ありません。また、英語では一つの単語がおおよそ1トークンに相当しますが、日本語の場合は、単語ごとにスペースで区切られていないため処理が複雑になります。近年は国内企業や研究機関が日本語に特化したLLMの開発に力を入れていることから、近い将来、日本語においても英語と同等、あるいはそれ以上の性能を発揮するLLMが登場することが期待されています。

　以上をまとめると、ChatGPTは、統計的に次にくる可能性が高い言葉を巧みにつなぎ合わせて文章を生成しています。人間のように物事を理解しながら応対しているわけではありません。ChatGPTはあくまで高度なツールであり、その特性を理解したうえで、私たちが上手に活用していくことが重要です。

● 生成AIを使うときに気をつけたいこと

　生成AIは、私たちの生活や仕事を大きく変える可能性を秘めた革新的な技術ですが、その利用には注意が必要です。以下の4つのポイントを理解し、生成AIを効果的に使っていきましょう。

・インターネット上の誤った情報も学んでしまう

　一つ目は、インターネット上に存在する誤った情報も学んでしまうということです。生成AIは、膨大な情報を学習していますが、そのなかには誤った情報も含まれています。基盤モデル開発時に不適切なコンテンツを排除することができたとしても、学習データに含まれる情報の真偽をすべて確認し、正すことは不可能です。また、そもそも生成AIは、先ほど説明したように、統計的に出現確率の高い言葉をつなぎ合わせて回答を生成するため、仮に学習データが正確なものであったとしても、その回答が正確であるとは限りません。出現確率が高いということと、正確であるということは別の概念です。生成AIの回答を鵜呑みにせず、常にその真偽を確認する習慣を身につけましょう。

・ハルシネーション（幻覚）が発生する

　二つ目は、ハルシネーションといわれる事象です。知らないことに対する質問にも、あたかも知っているかのように答えてしまう現象で、日本語では幻覚と訳されます。これは生成AI特有の現象であり、事実とは異なる情報を、自然な形で文章のなかに紛れ込ませてしまいます。何度も繰り返しますが、生成AIは次に続く文章を確率で答える機械なので、正解を知っている機械ではありません。検索エンジンのように知識を問うと、間違えてしまう危険性があります。

　生成AIは、「わかりません」とは言わず、なんとか文章を生成して答えようとするので、利用者側がファクトチェック（事実確認）を怠らないことが大切です。なお、質問内容が曖昧だったり、情報が不足したりしている場合にハルシネーションの発生確率が高まりますので、入力する情報にも注意が必要です。

　実際に、裁判で生成AIによるハルシネーションが問題となった事例があります。2023年にアメリカで発生したケースでは、航空会社を訴えている顧客の弁護士が裁判所に提出した書面に、

存在しない架空の事件が記載されていたことがわかりました。弁護士がChatGPTを使用して法的文書を作成し、そのまま判例を引用してしまったのです。この結果、弁護士は制裁を受け、AIの使用に対する信頼性が問われました。

　ハルシネーションは生成AIを使う際に最も注意が必要なリスクといえます。生成AIの仕組み上、現時点の技術では完全に取り除くことはむずかしいため、私たち人間側がしっかりと管理しながら利用していくことが大切です。

◦個人情報や機密情報を入力しない

　三つ目は、プライバシーとセキュリティです。生成AIは、利用者が入力した情報を学習し、その精度を高めていく仕組みです。誤って個人情報や機密情報を入力してしまうと、それを学習されてしまう危険性があります。悪意のある第三者がこれらの情報にアクセスし、不正利用するリスクも存在します。過去には、生成AIの利用者が誤ってクレジットカード情報を入力してしまい、情報が流出してしまった事例も報告されています。安易に個人情報を入力してはいけません。

◦著作権の侵害

　四つ目は、著作権です。生成AIが生成する文章や画像、音楽などのコンテンツは、既存の作品を学習して生成されるため、著作権侵害のリスクが伴います。とくに、生成AIが出力したコンテンツを商用利用する場合は注意が必要です。たとえば、生成したイラストを商品のデザインに利用したり、生成した音楽を広告に使用したりする場合、学習に使われた作品の著作権を侵害する可能性があります。また、生成AIが生成した文章をそのまま自分の著作物として発表する行為も同様の可能性があります。

　日本国内においては、文化庁の文化審議会著作権分科会法制度小委員会が2024年3月に「AIと著作権に関する考え方につい

て」をウェブサイト上で公表しており、開発・学習段階での考え方、生成・利用段階での考え方、AI生成物が著作物に当たるか等が示されています。

　なお、ChatGPTが登場した当初は、情報の鮮度・タイムリー性が課題でした。学習データの更新に時間とコストがかかるため、最新の出来事やトレンドを反映できないという欠点があり、これを五つ目の注意点として説明しようとしていました。しかし、本書の執筆中にも大幅なアップデートが相次ぎ、検索エンジンと連携することにより最新の情報を扱える生成AIが登場しています。仕組み上、ハルシネーションや正確性の問題を100％排除することは困難ですが、その他の課題は生成AIの進化とともに解決される未来を期待しています。

　ところで、よく色々な人から「生成AIがあるから英語を学ばなくても大丈夫ですよね」と言われるのですが、現時点での私の答えは「No」です。なぜなら、綺麗に翻訳をすることができても、たまにニュアンスの異なる言い回しや予期せぬ単語を使用してしまうことがあるため、人間によるチェックが不可欠だからです。つまり、「チェックするための英語力」が必要になるので、まったく勉強しなくて良いということはありません。むしろ、生成AIをうまく使いこなすためにも、自分自身がより多くのことを学ばなければいけない時代になったと感じています。

COLUMN
「フィルターバブル」には注意が必要

　インターネット上では自分の好きな情報に囲まれていると思ったことはありませんか。好きな芸能人のニュースや、共感できる意見ばかりが目に入ってくると思いませんか。それは、もしかしたら「フィルターバブル」と呼ばれる状態に陥っているかもしれません。

　フィルターバブルとは、インターネット上で自分の好みや関心に合った情報ばかりが表示されるようになる現象です。実は、自分とは異なる様々な意見や価値観が存在しているにもかかわらず、AIが心地の良い情報だけを見せることで、自動的に視野が狭まってしまうのです。AIというフィルターを通すことによって常に自分の意見が肯定され続けてしまいます。

　なぜそんなことが起こるのでしょうか。それは、あなたが普段どんなサイトを見て、どんな記事をクリックしているかを、検索エンジンやSNSが常にモニタリングしているからです。そして、あなたの好みを分析して、それに合った情報ばかりを表示するために、日々、AIモデルが裏側で更新されているのです。

　似たような現象に「エコーチェンバー現象」というものもあります。これは、自分と同じ意見の人ばかりが集まるSNSのグループやコミュニティで、自分と同じ意見が何度も繰り返されることで、それが正しいと錯覚してしまう現象です。まるで、閉じた部屋で音が何度も反響するエコーのように、自分の意見だけが大きく聞こえてしまうのです。

　映画「マトリックス」には、主人公ネオが青い薬か赤い薬を選ぶシーンがあります。青い薬を飲めば何も知らないまま、仮想現実のなかで満ち足りた生活を送ることになり、複雑な現実があることを知らず、自分の心地よい状態に留まっていられます。一方で、赤い薬を飲むと、たとえ人生が根底から覆る可能性があっても、現実の世界を包み隠さず知ることになります。さて、あなたならどちらを選ぶでしょうか。

　フィルターバブルとエコーチェンバー現象の怖いところは、知らないあいだに私たちの視野を狭め、偏った考え方に陥りやすくし、さらにその考えが強化されてしまうことです。昨今は極端な意見に傾注してしまう人が増えているのもこれが一因だといわれています。たとえば、YouTubeなどで特定の

商品やサービスについて批判的な意見ばかり見ていると、その商品を売っている人は悪い人だと信じてしまうかもしれません。実際にはその商品・サービスで満足している人や別の視点からの意見があるはずで、本来であれば、様々な価値観や見解に触れることにより、自分の意見を固めていくことが大切なのですが、インターネットの裏で動いているAIがそれを閉ざしてしまう可能性があるのです。

　フィルターバブルから抜け出すためにはどうしたら良いでしょうか。まずこのような現象があるということを理解することから始まります。「これはフィルターを通したものに囲まれているかもしれない」と、自分を客観的に見る瞬間をつくることが大切です。一般的にはメタ認知といわれている方法です。また、批判的な思考力を養うことも重要です。SNSでの発信を鵜呑みにせず、自ら調べてその真偽を確かめる習慣が大切です。そのためには、できれば二次、三次情報ではなく、一次情報や原典にあたるなど自らプロアクティブに情報を取りにいく必要があります。私も、あえて自分とは異なる反対側の意見について詳しく調べ、その論拠を確かめるようにしています。

　これからの時代には、フィルターバブルやエコーチェンバーが弱まるとは考えにくく、むしろ強くなっていく恐れがあります。そのためにしっかりとリテラシーを向上していきましょう。

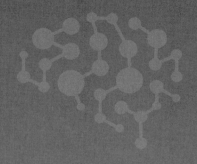

IMPLEMENTATION OF ARTIFICIAL INTELLIGENCE

第 3 章

ビジネス現場で活躍するAI

SECTION 1

AIにできること、できないこと

✦ AIができることは「学習の範囲内」にとどまる

● 汎用AIと特化型AI

　AIは、大量のデータを分析し、人間には困難なタスクを処理することで、業務効率化や新たな価値創造に貢献し、多くのことが可能になると期待されています。とはいえ、「よろしく頼む」と命令するだけで、状況に合わせてタスクをこなしてくれるAIは、残念ながらまだ存在しません。

　AIへの過度な期待や過小評価は、AI導入を妨げる一因になることもあり、適切な期待値のコントロールが必要となってきます。ここでは、AIに関する代表的な誤解を解き明かし、AIと正しく向き合うための基礎を築いていきます。

　アニメの世界に登場するような、人間と同等、あるいはそれ以上の知的能力を持つAIは、「汎用人工知能（AGI: Artificial General Intelligence）」と呼ばれます。別名「強いAI」とも呼ばれ、特定のタスクに限定されず、人間のように広範囲の問題を扱うことができるとされています。さらに、遠い将来には意識を持ち、新たな知識や概念を生み出すことさえ可能になるかもしれません。

　しかしながら、現時点では汎用AIはまだ存在しておらず、その実現には多くの技術的・倫理的な課題が残されています。汎用AIがいつ誕生するのか、あるいはそもそも誕生し得るのかについては、専門家のあいだでも意見が分かれるむずかしい問題であり、少なくとも直近で登場する見込みは立っていません。

現在、ビジネスの現場で活用されているAIは、すべて特化型人工知能（ANI: Artificial Narrow Intelligence）です。特化型AIは、画像認識、音声認識、翻訳など、特定のタスクに特化しており、そのタスクにおいては人間を凌駕する能力を発揮することもありますが、他のタスクをこなすことはできません。現時点のAI技術では、複数領域の「越境」がむずかしいといえます。そのため、なるべく課題を絞り込み、フォーカスを定めてAIを導入することが大切です。世界チャンピオンに勝てるチェスAIをつくることができても、そのAIに本を書かせたり、プレゼンをしてもらったりすることはできないのです。

　近年注目を集めている生成AIも、一見すると様々なタスクをこなせるように見えますが、あくまで特化型AIの一種です。生成AIは、大量のテキストデータを学習し、そのパターンをもとに新しい文章を生成することができますが、その能力は学習データの範囲内に限られます。

　つまり、現在、私たちができることは、万能に仕事をこなす汎用AIの登場を待つのではなく、自社が置かれている状況や課題をしっかり見つめ、それぞれの課題に対して特化型AIを便利なツールとして最大限活用することです。そのためには、AIの限界を正確に理解し、周囲の期待値をコントロールすることが大切になってきます。導入してみたものの、「思っていたのと違う」とならないように、AI導入前にまずはAIの現在地をしっかり理解しましょう。

　実際に、AIに対する期待値をコントロールする必要があった一例をご紹介しましょう。私が技術アドバイザーとして参画していたあるプロジェクトで、管理職の一人から「経済状況を判断し、自律的に動くAIが欲しい」との要望が出されたことがありました。その要望は、いわば汎用AI（AGI）に近い発想をもとにしており、「AIなら何でもできる」という期待感が強く表れていました。

　もちろん、AIは過去の膨大なデータを分析し、パターンを見

つけ出し、未来をある程度予測することに長けています。しかし、たとえば為替や株価といった、複雑で予測がむずかしい経済の動向を、アナリストのように柔軟かつ多角的に仮説を立てて予測するとなると、現在の技術ではまだ手の届かない領域です。AIはあくまで限定的な条件下での判断に優れた特化型のものであり、経済全体を先読みし、戦略的に動くようなAIを現段階で実現することは技術的に極めてむずかしいというのが現実です。

　その後、その管理職と深く会話をしてみると、実は将棋の大ファンであることがわかりました。彼は、将棋AIがプロ棋士と互角以上に戦い、数十手先まで「読む」ことができる様子を見て、「AIが将棋の複雑な局面を予測できるなら、私たちのビジネスや経済の未来も予測できるはずだ」と考えていたのです。

　重要なのは、こうした誤解をたんに否定するのではなく、丁寧に対話し、なぜそのように考えたのかを理解することです。AIがもたらす未来に対して抱いている希望や懸念を共有したうえで、現実的に何が可能で、どのようなステップが必要なのかを一緒に模索する姿勢が、AI導入を成功させるための鍵となります。具体的には、第2章で説明したように、将棋と経済では変数の複雑さが明らかに異なることを説明し、AIの現在地を理解してもらいました。技術的な限界や課題を乗り越えるためには、こうしたコミュニケーションの積み重ねが非常に重要だと私は強く感じています。

● AIはコーヒーを淹れることができない？

　「AIの現在地」を理解してもらうために、私が実際に現場で話している内容をご紹介しましょう。Apple共同創業者のスティーブ・ウォズニアック氏が「ウォズニアック・テスト（別名：コーヒーテスト）」という新たなテストを考案しました。AIが真の汎用人工知能（AGI）に到達したかを見極める試みとして、とてもシンプルな課題が与えられます。それは、初めて訪れる他人の家に入り、

家の主人にコーヒーを淹れてあげることです。一見簡単そうですが、この課題にはAIが人間のように振る舞うために必要な多くの能力が詰め込まれています。未知の環境をリアルタイムで認識し、家の主人と自然な言葉でコミュニケーションをとり、コーヒーを淹れる動作を実行する。さらに、人間社会における協調性や礼儀正しさも試されます。たとえば、コーヒーを淹れるには水が必要ですが、当然、トイレやお風呂の水では不合格です。

　ウォズニアック・テストがAIにとってむずかしい理由の一つに、シンボルグラウンディング問題（記号接地問題）と呼ばれる根本的な課題があります。シンボルグラウンディング問題とは、AIが言葉や記号（シンボル）を現実の物事や状況に結びつけることがむずかしいという問題です。

　たとえば、AIが「コーヒー」という単語を認識しても、それがどんな飲み物で、どこに置かれているべきかを理解するとは限りません。人間は「コーヒー」という言葉を聞けば、その香りや色、温度、そしてそれがどこにあるか（たとえばキッチンの棚にある）といった具体的な情報がすぐに頭に浮かびます。これは、私たちが過去に実際にコーヒーを見たり飲んだりした経験から学んでいるからです。

　一方、AIはこのような具体的な経験がなく、言葉と現実世界の物事を結びつけることが非常にむずかしいのです。たとえば、「コーヒーを淹れる」という指示を受けたAIが、適切な豆や水を見つけ、正しい手順で淹れるという行動をするためには、そのすべての物体や動作を現実世界のなかで正しく認識し、理解する必要があります。さらに、AIは言葉に含まれるすべてのニュアンスや文脈、そして言葉では表現しきれない身体的な感覚や感情などを理解することが、予想以上にむずかしいのです。

　また、この課題はフレーム問題とも関連しています。フレーム問題とは、AIが大量の情報のなかから、特定の行動に必要な情報だけを選び出し、効率的に処理することがむずかしいという問

題です。たとえば、人間がコーヒーを淹れるとき、私たちはキッチンに入った瞬間に「どこにコーヒー豆があるか」「水はどこから手に入れるか」など、必要な情報に自然と注意を向けます。一方で、「床はフローリングか」「カーテンの色は」といった無関係な情報は無視します。これは、人間が経験を通じて、どの情報が重要で、どの情報を無視してよいかを自然に学んできたからです。しかし、AIはシミュレーションを行なったうえで行動対象から除外するため、人間が自然に行なう「無視する」という何気ない行動がAIにはむずかしいのです。このフレーム問題は、しばしば「常識の壁」とも呼ばれます。カメラのフレームを定めるように常識をもとに情報を取捨選択するのがむずかしいからです。

　さらに根本的な話ですが、AIは人間と同じ身体を持っていません。そのため、人間のように五感を駆使して世界を体験することができません。たとえば、AIが「お腹が空いた」と言うことができたとしても、実際にはお腹が空くという経験がないため、そこに伴う感覚や感情を本当に理解することはできません。どんなに優れたAIでも、実際に美味しいものを食べて食レポをすることはできないのです。

　近年、世界モデルという研究が注目を集めています。これは、AIに現実世界をシミュレートした仮想空間を提供し、そのなかで様々なタスクを経験させることで、シンボルグラウンディング問題の解決や常識の獲得を促進しようとする試みです。また、人間とのインタラクションを通じてAIに社会性を学習させる研究も進んでいます。これらの研究の進展次第では一筋の光が見えてくる可能性がありますが、まだ時間がかかるでしょう。

　このように、AIにはまだまだ多くの課題が残されています。実務現場では経営層や役員の期待値をコントロールするためにも、あえてコーヒーテストのようなAIにとっての難題を説明したり、先ほどの汎用AIと特化型AIの区分を説明したり、様々なアプローチでAIの現在地について理解を促すよう努めています。ぜひ

本書をきっかけにみなさまの言葉で正しい認識を広め、地に足の
ついた議論を進めていただければと思います。

✦AI開発に使われるデータの種類について

● 構造化データ：データ分析の定番

　私たちの周りでは日々膨大な量のデータが生み出されています
が、それらは「構造化データ」と「非構造化データ」の2種類に
分類されます。AIへのインプットデータを正確に見極めて、上
手に取り扱うことは、AI開発にとって生命線ともいえます。こ
こでは、それぞれのデータの特徴と、AIで活用する際の注意点
について見ていきましょう。

　構造化データとは、Excelのように「行」と「列」で整然と整
理されたデータを指します。たとえば、顧客の氏名・住所・電話
番号といった顧客情報や、商品の販売数・価格・日時といった売
上データ、温度・湿度・気圧といったセンサーデータなどが該当
します。文字どおり「構造化」されているため、データの解析や
分析に最も適したデータ構造といえます。

　構造化データは、主に数値予測や分類といったタスクを行なう
AIモデルで活用されます。たとえば、過去の売上データから将
来の売上を予測する、顧客情報から顧客の購買意欲を分類すると
いった用途が考えられます。とても実用的なAIモデルをつくる
ことができるため、ビジネス現場では大活躍しています。そして、
この構造化データを利活用することがAX（AIトランスフォーメーショ
ン）の第一歩となります。

　ただ一方で、データが整っているからといって、そのままデー
タをAIに投入すればいいわけではありません。前処理と呼ばれる、
AIが学習しやすい形にデータを整える作業が必要です。AIエン
ジニアの業務の大半はこの前処理に費やされるというほど、専門

知識や工数が必要となります。たとえば、身長や体重のように、単位や範囲が異なるデータを同じようなスケールに変換する正規化という処理や、「男性」「女性」のようなカテゴリーをAIが扱いやすいように「0」と「1」のフラグに変換する処理などが挙げられます。その他にもデータに空欄がある場合には別の値で補ったり、極端にかけ離れた値（異常値）があればノイズとして処理したり、この前処理だけでも一冊の本が書けるぐらい濃厚な作業です。

● 非構造化データ：眠れる情報の宝庫

　非構造化データは、明確な構造を持たないデータです。たとえば、ブログ記事やSNSの投稿、顧客からの問い合わせメールといったテキストデータ、写真などの画像データ、音声データや動画データなどが非構造化データに分類されます。これらのデータは簡単に表形式に変換できないため、構造化データと比べると扱いがむずかしいという特徴があります。しかし、近年では、ディープラーニングなどのAI技術の発展により、非構造化データからも有益な情報を抽出することが可能になりました。

　非構造化データは、主に自然言語処理や画像認識、音声認識といったタスクを行なうAIモデルで活用されます。たとえば、テキストデータから感情を分析する、画像データから物体を検出する、音声データから文字起こしを行なうといった用途が考えられます。

　非構造化データをAIで活用するためにも、まず前処理が必要です。これは構造化データの前処理と同様に、AIがデータを理解できるように整える作業です。たとえば、テキストデータでは、不要な記号や空白の削除、用語の統一、単語の分割などが行なわれます。

　また、教師あり学習の場合、アノテーション（データに対するラベル付け）も重要なステップです。画像データであれば、「猫」「犬」

「車」といったラベルを付与することで、AIが画像の内容を理解できるようになります。これにより、モデルはラベルに基づいて学習し、より正確な予測や分類ができるようになります。

　現在、生成AI（基盤モデル）の登場により、非構造化データの活用が大きく前進しています。以前はむずかしかったデータ処理が、誰でも容易に行なえるようになったためです。たとえば、大量のテキストデータから必要なコメントを抜き出して、表形式で出力することも可能です。つまり、非構造化データを構造化して扱えるようになったため、新たなAI開発の可能性が爆発的に広がりました。今後は生成AIを使ったモデル開発がデファクトスタンダード（標準的な方法）になっていくことが予想されています。なお、世の中に存在するデータのうち、約8割が非構造化データといわれており、このデータの利活用が進めば、いままで取り組めなかった新しいビジネスチャンスが広がることが期待されています。

SECTION
2

AI活用の具体例

✦ AIの活用は3つのカテゴリーに分類される

● 様々な課題に活用されているAI

　ここでは、ビジネスにおけるAIの活用事例を3つのカテゴリーに分けて紹介します（図表3-1）。1つ目は、数値データや時系列データなどの構造化データを用いて、将来のトレンドを予測し、分析する「予測・分析AI」です。2つ目は、画像、動画などの非構造化データを活用して様々なものを認識・分類する「認識・識別AI」。そして3つ目は、文章を生成したり、人と会話したりする「生成・対話AI」です。

　これらのAIが、どのようにビジネスの現場で役立っているのかについて取り上げていきます。みなさまの会社でも活用できそうなAIが見つかるかもしれません。具体的な導入方法や開発の手順については、次の章で詳しく説明しますので、ここではAIの活用のイメージをつかんでください。

　便宜上、AIを3つのカテゴリーに分けていますが、実際のビジネス現場ではこれらを組み合わせて問題解決に挑むことが一般的です。たとえば、自動運転を考えると、周囲の車や歩行者を認識する「認識・識別AI」、次の行動を予測・判断する「予測・分析AI」、そして車内システムと会話する「生成・対話AI」が連携しています。このように複数のAIが協力することで複雑なタスクをこなせるのです。

　なお、AIの分類方法は様々な角度から議論されていますが、

図表3-1 ビジネス現場における３つのカテゴリー

データの種類	カテゴリー	活用例
構造化データ	予測・分析 AI	・需要予測（来客数予測、在庫最適化） ・顧客行動分析（購買・退会パターン予測） ・機器異常検知（メンテナンス最適化）など
非構造化データ	認識・識別 AI	・画像認識（外観検査、顔認識、OCR） ・音声認識（音声入力、テキスト変換） ・映像解析（防犯カメラ解析、人流解析）など
	生成・対話 AI	・テキスト生成（記事作成、レポート要約） ・画像生成（ロゴ作成、プロダクトデザイン） ・対話（チャットボット、音声アシスタント）など

本書では、初学者でもわかりやすいように、なるべくシンプルにお伝えしています。より詳しく理解したい方は、2023年に一般社団法人人工知能学会より発行された『AIマップ』をご参照いただくと良いと思います。

● 予測・分析 AI：過去のデータから未来を予測

　予測・分析 AI とは、過去のデータや現在の状況から、未来を予測し、それに基づいて最適な行動を導き出す AI 技術です。主に数値データや時系列データなどを扱い、統計学や機械学習の手法を用いて分析を行ないます。どのような業種・業態でも幅広く使える非常に実用的な AI であり、「将来の数値や確率を知りたい」と思う業務があればすべて対象になります。

　予測・分析 AI は大きく「数値予測」と「確率予測」の２つに分けられます。

・数値予測

　数値予測は、その名のとおり、過去のデータをもとに未来の数値や傾向を予測する手法です。たとえば、需要予測が代表例です。特定部品の生産計画を立てる際に、過去の受注データ、季節変動、取引先の状況、原材料の在庫状況などをAIに学習させることで、翌月以降の部品需要を予測し、過剰在庫による保管コストの増加や、納期遅延による機会損失を防ぎ、効率的な生産計画の立案を可能にします。

　また、「需要」という言葉を違う角度からみると、コールセンターの入電量の予測などにも効果を発揮します。たとえば、過去の入電数、曜日・時間帯別の入電パターン、キャンペーン情報、天気、祝日などのデータをAIに学習させることで、将来の入電数を予測できます。これにより、適切なオペレーターの配置を行ない、顧客を待たせることなく、スムーズな対応を目指すことが可能となります。

・確率予測

　確率予測は、特定のイベントが発生する可能性を推定する手法です。たとえば、新規顧客の獲得や既存顧客の離脱リスクの予測が代表例です。過去の顧客データや行動パターンを分析して、どの顧客が次に購入する可能性が高いか、またはどの顧客が解約するリスクが高いかを予測します。これにより、ターゲットを絞ったマーケティング施策や、顧客維持戦略の策定が可能になります。

　また、ECサイトや動画配信サービスなどでよく見かける「あなたへのお勧め」も確率予測の応用例です。過去の購入履歴や視聴履歴、評価などを分析し、ユーザーが次に興味を持ちそうな商品やコンテンツを予測して表示します。これにより、ユーザー体験の向上や購買意欲の促進につながります。

　この発生確率の予測は、様々な場面で役立ちます。たとえば、製造業の予知保全や故障予測がその一例です。機械やシステムの

状態を常に監視し、故障や異常が発生する前に兆候を捉えることができるようになります。センサーやログデータをもとに、通常の動作パターンから外れた変化を検知し、故障の前兆を予測することで、最適なタイミングでメンテナンスを実施できます。これにより、突発的な故障を防ぎ、運用効率の向上も期待できます。

・事例紹介

　中堅・中小企業における予測・分析AIの実際の活用例として、株式会社ホリゾンの事例を紹介します。

　滋賀県高島市に本社を構える株式会社ホリゾンは、AIを活用して在庫管理の精度を大幅に向上させることに成功しました。ホリゾンは、1946年に設立され、現在450名の従業員を擁する企業で、製本（ポストプレス）機器を主力事業とし、スマートファクトリー化を推進しながら、印刷後加工のワンストップサービスを提供しています。

　多品種少量生産という特性上、在庫量の削減と欠品の最小化を両立させることが大きな課題でした。従来は直近6カ月の平均値をもとに予測を行なっていましたが、この方法では十分な精度が得られず、無駄な在庫が発生したり、欠品による機会損失が発生したりしていました。

　そこでホリゾンは、過去数年間の受注実績データをもとにAIモデルを構築し、需要予測に活用しました。その結果、AI導入により、75％の部品で予測精度が改善され、在庫の最適化と欠品リスクの低減に成功しました。作業負荷も軽減され、生産効率も向上しています。

　このように、予測・分析AIを効果的に導入することで、在庫管理や生産計画の精度を高め、企業の競争力を強化することが可能です。ホリゾンの事例は、AIを活用して成果を上げた優れた例であり、とくに中堅・中小企業においても、こうした技術の導入がビジネスの改善に大きく貢献することを示しています。

この事例は、経済産業省が発行した「AI導入ガイドブック　製造業へのAI需要予測の導入」に詳しく記載されています。経済産業省のホームページからダウンロード可能ですのでご参照ください（https://www.meti.go.jp/policy/it_policy/jinzai/AIguidebook_DemandForecast_MFG_FIX.pdf）。

　なお、ビジネスではありませんが、私たちの生活でも馴染みのある「天気予報」や「電力の需要量」にもこの予測・分析AIの技術がふんだんに使われています。たとえば、日本気象協会は、気象予報士のノウハウとAI・機械学習の解析技術を組み合わせて、高精度な電力需要予測サービスを提供しています。このサービスは、気温、湿度、日射量、雨、雪などの気象要素に基づいて電力需要を予測し、電力エリアごとに取引される電力需要量を見積もることが可能です（https://www.jwa.or.jp/service/weather-and-data/）。

　このように、予測・分析AIは普段目に触れる機会が少ないものの、実は非常に広範囲に応用されており、私たちの生活に深く根付いています。

● 認識・識別AI：研ぎ澄まされた視聴覚

　認識・識別AIは、画像、音声などの非構造化データを理解し、その意味や状況を判断するAI技術です。これらのAIは、ディープラーニングを駆使して、複雑なパターンや特徴を学習し、様々な分野で活用されています。認識・識別AIの応用例は、画像認識、音声認識、映像解析の3つです。

○ 画像認識

　最も広く利用されているのが画像認識AIであり、カメラやセンサーで取得した画像データを解析し、物体やパターンを認識する技術です。たとえば、この技術はインフラの保守・管理において大きな効果を発揮しています。橋やトンネルなどの構造物の定期点検において、画像認識AIを活用することで、従来は人間が

目視で行なっていた検査を自動化し、効率を飛躍的に向上させることが可能になりました。具体的には、ドローンや高解像度カメラを使って橋桁やコンクリートの表面を撮影し、その画像をAIが解析します。この解析により、亀裂、腐食、剥離などの異常を早期に発見することができるようになり、とくに亀裂の幅や深さの測定、錆の進行具合の評価といったように、微細な異常も正確に識別できるため、点検作業の効率が飛躍的に向上しました。また、製造業においても、製品の表面に微細な傷や異常がないかを検出する品質管理の一環としても利用されており、「外観検査AI」として知られています。

　身近な例では、スマートフォンの顔認証やカメラのオートフォーカス機能などでも認識・識別AIが活躍しています。また、AI-OCR（Optical Character Recognition）技術は、紙の書類や手書きのテキストをデジタル化し、効率的にデータとして取り込むことが可能であり、文書管理やデータ入力の自動化において重要な役割を果たしています。さらに、医療分野では、X線やMRI画像を解析して病変を特定し、診断の精度を高めるサポートを行なっています。

　画像認識AIは他にも様々な分野で活躍しており、最近では第一次産業での応用が進んでいます。たとえば、農業分野では、ドローンで撮影した畑の画像や土壌センサーから得られるデータをAIが解析することで、作物の生育状況や病気の兆候を早期に検出することが可能です。これにより、農家は迅速に適切な対策を講じることができ、生産性の向上に大きく寄与しています。さらに、養殖業でもAIが活用されており、水質や餌の量を監視し、最適な条件を維持することで、より健康的な魚の育成を支援しています。

◦音声認識
　音声認識AIは、音声データを解析してテキストに変換し、話

者の意図を理解する技術です。たとえば、スマートスピーカーやコールセンターでの顧客対応、会議の自動議事録作成などで広く利用され、ユーザーは音声で機器を操作したり、情報を取得したりすることができます。音声インターフェースは、利便性を大幅に向上させるとともに、新たなコミュニケーションの形を生み出しています。

○ 映像解析

　映像解析AIは、映像データを分析して意味のある情報を抽出し、特定のパターンや異常を識別する技術です。たとえば、防犯カメラや監視システムから得られる映像データを解析し、異常な行動や不審者を検出することができます。公共施設や商業施設では、AIがリアルタイムで映像を監視し、危険な状況を早期に察知して、セキュリティ対応を自動化することが可能です。

　このように、認識・識別AIは、様々な分野で私たちの生活やビジネスに貢献しており、その活用範囲は日々広がっています。

○ 事例紹介

　中堅・中小企業における認識・識別AIの実際の活用例として、ヨシズミプレス株式会社の事例をご紹介します。

　ヨシズミプレス株式会社は、従業員20名ほどの小規模な製造業者で、直径5mm程度のレーザーダイオード部品の製造を手がけています。これまで同社では、毎月約50万個の製品を6名の検査員が目視で検査していましたが、検査には約10日間を要し、検査員に非常に大きな負担がかかっていました。こうした負担を軽減し、検査業務の効率化を図るために、AIの導入が決定されました。

　AI導入後、検査に要する総時間が約40％削減され、作業効率が劇的に向上しました。具体的には、AIが製品を自動でスキャンし、良品と不良品を瞬時に分別します。AIが良品と判断した

約48万個の製品はそのまま出荷され、不良品と判断された約2万個の製品については、再度検査員が目視で確認します。このプロセスにより、目視で検査する製品数が95％削減され、検査員の負担が大幅に軽減されました。

AI導入後の安定した検査結果により、品質管理の精度が向上し、検査員がAIの判断結果をもとにスキルを向上させることで、さらなる技術継承や効率的な業務運営が可能となりました。結果的には毎月170時間ほどの検査時間の削減に成功しました。

ヨシズミプレス株式会社の事例は、認識・識別AIが中小企業の現場で効果的に活用され、生産性の向上と品質管理の精度向上にどのように寄与するかを示す好例です。AI技術の導入は企業の規模にかかわらず大きなメリットをもたらし、今後さらに多くの企業がこの技術を積極的に活用していくことでしょう。

この事例は、経済産業省が発行した「AI導入ガイドブック 外観検査（部品、良品のみ）」に詳しく記載されています。経済産業省のホームページからダウンロード可能ですので、ご参照ください（https://www.meti.go.jp/policy/it_policy/jinzai/AIguidebook_gaikan_ryohin_FIX.pdf）。

● 生成・対話AI：会話できる良き相棒

生成・対話AIは、人間のように自然な会話を通じて、テキスト、画像、音声などを新たに生成したり、情報を整理したり、アイデアを生み出したりするAI技術です。インターネット上の膨大なデータを学習し、そこから得られたパターンや特徴をもとに、新しいコンテンツを生成したり、人間と自然な言語で対話したり、様々なタスクを処理したりすることができます。

◦ 代表的なユースケース

そのユースケースは多岐にわたります。たとえば、文章作成支援、翻訳、プログラミング支援などは登場時から注目されている

代表的な例です。他にも高い汎用性を活かして、様々な分野で成功事例が出てくることが期待されています。

たとえば、従来のチャットボットはルールベースでつくられており、想定外の質問には対応できませんでした。そのため、専門家のあいだでは親しみを込めて「人工無能」と呼ばれていました。しかし、生成AIの登場により状況が一変し、ユーザーとの柔軟でインタラクティブな対応が可能となり、顧客対応の自動化や社内問い合わせ対応など、様々な場面で活用され始めています。人口減少局面を迎えている日本においては、労働力不足を補う有効な手段として期待されているところです。ただ、問題もあります。たとえば、従来のチャットボットでは、データベースにヒットしない質問に対しては正直に「わかりません」と答えていたものが、生成AIではその特性上、ハルシネーション（もっともらしく聞こえるが事実ではない内容を生成すること）のリスクがあるため、業務への組み込み方をきちんと検討することが必要となります。

◦ 生成AI導入の動き

さて、この生成・対話AIに関しては、大企業を中心に独自のアシスタントAIをつくるなど、従来のAIの導入と比較して国内企業の動きがとても早いと感じます。初期段階のシステム開発が不要で、かつ既存のレガシーシステムに手を加えることなくすぐに試用を始められることが、その一因かもしれません。

そして、国もこの流れを後押ししています。内閣府では、「AI戦略会議」を設置し、AIの社会実装に向けた議論を積極的に進めています。また、経済産業省は、「生成AI時代のDX推進に必要な人材・スキルの考え方2024」を発表し、AI導入を促進するための施策を打ち出しています。具体的には、生成AIの研究開発への投資拡大、生成AIを活用した新ビジネス創出支援、生成AIに関する倫理ガイドラインの策定などが盛り込まれています。

実は生成・対話AIに関しては、民間企業だけでなく、自治体

の動きが活発です。ITシステム化に関しては遅れをとっていた自治体ですが、生成AIに関しては非常に積極的です。その理由は、従来のシステム開発とは異なり、生成AIは初期費用が抑えられ、既存のシステムが整っていなくても、最先端の技術を一気に導入できるからです。この現象は「リープフロッグ（カエル跳び）」と呼ばれ、段階を踏むことなくDXを一気に加速させることが可能となります。この進め方は、予算や人員が限られている中堅・中小企業にとっても大いに参考になるはずです。

　総務省が2024年7月に発表した「自治体における生成AI導入状況」によると、生成AIを導入済みの団体は、都道府県で51.1％、指定都市で40.0％、その他の市区町村で9.4％となっており、都市部を中心に急速に浸透していることがわかります。また、最も多い活用事例は「あいさつ文案の作成」となっており、年間1000時間以上の業務削減効果が出ている自治体も存在します。

◦ 事例紹介

　ここでは、神戸市の事例を取り上げます。神戸市では2023年6月から3カ月間の試験導入期間を経て、その効果が認められたことから、2024年2月より全職員を対象に生成AIの本格的な導入が決定されました。導入にあたっては、個人情報の入力禁止や使用時の注意点をまとめた「神戸市生成AI利用ガイドライン」を策定し、安全性に配慮した運用が進められています。

　具体的な取り組みとして、業務効率の改善や新しいアイデア出しに役立てるため、「事例集」を作成し、職員による生成AIの積極的な活用を促進しています。この事例集は、AIがどのように業務に貢献できるかを具体的に示すため、実際の業務シーンに基づいたケーススタディを多岐にわたって収録しています。とてもわかりやすくまとめられており、中堅・中小企業の生成AI導入にも参考になります。

　一般的な文章生成や文章要約、翻訳タスクで利用することに加

え、苦情対応のシミュレーションを行なうロールプレイ相手を生成AIで作成したり、わかりやすい広報誌を作成するためにペルソナを準備したり、高度な活用事例も掲載されています。

　いくつか具体的な例を挙げてみましょう。たとえば、文書生成では、市公式SNS投稿文の作成を効率化しています。従来、広報担当者が一から作成していたSNSの投稿文ですが、生成AIを活用することで、担当者が必要なキーワードやテーマを入力するだけで、数種類の投稿文案が自動生成されます。これにより、SNS投稿のスピードが向上し、広報活動がより迅速かつ効果的に行なえるようになりました。生成された投稿案は、市の過去の投稿文データやターゲットの属性を考慮しており、メッセージの一貫性を保ちながら、市民の関心を引くよう工夫されています。

　文章要約では、会議の議事録や各種報告書の要点を短時間でまとめることが可能です。長時間に及ぶ会議の議事録をAIが要約し、次回の会議に向けた論点や決定事項を簡潔に整理します。これにより、職員が議事録を読み返す時間を大幅に削減し、意思決定のスピードが向上しています。また、報告書の要約作成においても、生成AIが重要なポイントを抜き出し、簡潔なサマリーを提供するため、関係者間の情報共有がスムーズに行なわれるようになりました。

　さらに、生成AIを活用した広報活動では、ターゲットとなる市民層のペルソナを作成し、そのペルソナに合わせた広報誌や資料を作成しています。特定の地域や年齢層に向けたメッセージをAIが生成し、それを職員が微調整して広報資料に反映させることで、よりターゲットに響く広報物を作成できるようになりました。

　このように、神戸市では生成AIを多岐にわたる業務に活用し、業務効率の向上や市民サービスの改善を実現しています。この取り組みは、民間企業にも参考になるものであり、AI導入の有効性を示す良い事例といえるでしょう。

重要なのは、まず小さく始めて、成功体験を積み重ねることです。生成AIは日々進化しています。最新の情報を収集し、自社の業務にどのように活用できるかを常に検討していくことが重要です（事例の出所：神戸市 企画調整局 デジタル戦略部「生成AIによる市役所の業務効率化」）。

次に、私が実際に手掛けている生成AIの活用事例を紹介します。現在、技術アドバイザーを務める企業にて、トップセールスパーソンが持つ卓越した会話スキルを、最先端のAI技術を用いて次世代に伝承するプロジェクトに取り組んでいます。お客様の心の奥にある本当のニーズをどのように引き出しているか。そして、どうすれば心から満足していただき、私たちのサービスで感動してもらうことができるのか。その想いが、このプロジェクトの原動力です。

具体的には、お客様が安心して本音を語れる言葉やアプローチ、そして逆にどのような対応が心を閉ざしてしまうのかといったことについてAIを使って分析しています。決してたんなるセールストークを開発するのではなく、長期的な信頼関係を築くための最適な接し方を探求しており、これまで言語化がむずかしかった微細な要素を生成AIの力で数値化しています。さらに、それを活用したトレーニングの仕組みも合わせて構築しました。

このプロジェクトはまだ途中の段階で、お客様のニーズに真摯に向き合い、さらに理解を深めるために、最先端の生成AI活用にチャレンジし続けています。これは個人的な意見ですが、生成AIをたんなるコスト削減のツールとしてではなく、企業の強みを活かし、より価値あるサービスを提供するためのパートナーとして捉え、活用していくべきだと考えています。生成AIの技術的な特徴を鑑みると、きっとそのほうがポテンシャルを最大限に引き出すことができると思うのです。

また、生成AIが進化しても、予測・分析AIや認識・識別AIの役割が失われるわけではありません。もちろん、それぞれのAI

が単体で活躍することもありますが、各技術の強みを組み合わせて適切に統合することで、最適なシステムを実現することも可能です。実際にこのプロジェクトでも、生成AIを支えるエンジンとして、裏では予測・分析AIが機能しており、各技術が連携して成果を生み出しています。

✦AIが抱えるリスク

●個人情報保護

　AIは、ビジネスの課題解決に役立つ強力なツールですが、同時に様々なリスクも抱えています。ただ、中堅・中小企業においては、リスクを過度に意識しすぎるとAI導入の初動が遅れてしまう可能性があるため、ここで紹介するリスクはあくまで参考として念頭に置きつつ、具体的に導入を検討する際に不安な点が出てくる都度、専門家に相談しながら解決していくといいでしょう。

　AIを利用するうえで、個人情報の保護は最も重要な課題の一つです。AIは膨大なデータを処理しますが、そのなかにはしばしば個人情報や機密情報が含まれます。たとえば、顧客の名前や住所、電話番号、メールアドレス、さらには経済状況や医療情報といったセンシティブな情報も含まれることがあります。これらのデータが不適切に扱われると、個人情報保護法に違反する可能性があり、企業にとっては法的リスクだけでなく、信頼失墜という重大な損害を被る可能性があります。

　AIシステムを設計・運用する際には、まずはデータの収集目的を明確にし、データを提供する個人から適切な同意を得ることが不可欠です。また、収集したデータには匿名化や仮名化を施し、個人が特定されるリスクを極力排除することが重要です。とくにAIが分析や学習に利用するデータセットには、個人を識別可能な情報が含まれていないことを常に確認し、データが安全に取り

扱われていることを、開発者以外の第三者が監査する仕組みを導入することが求められます。さらに、権限のないユーザーがデータにアクセスできないよう制限を設け、リスクを低減すると同時に、アクセス権限の定期的な見直しやアクセスログの監視など、社内運用体制の整備も重要です。

そして、AIの開発会社や外部パートナーとデータを共有する場合には細心の注意が必要です。データのマスキング（名前や住所などを隠す処理）や暗号化を施すだけでなく、開発会社と厳格な契約を結び、データの取り扱いに関する明確な規定を設けることで、法的な責任やデータの使用範囲をあらかじめ限定しておくといいでしょう。

このように、データを取り扱うにあたり、AIシステムにおけるデータ処理が個人情報保護法に準拠しているかを十分に確認してください。法律に従ったデータ運用は、トラブルを未然に防ぐだけでなく、顧客からの信頼を維持するためにも非常に重要です。

なお、日本国内では、2023年6月に個人情報保護委員会から「生成AIサービスの利用に関する注意喚起等について」の発表がありました。AIシステムを利用する際には、こうした最新の法的ガイドラインも十分に考慮する必要があります。

● 公平性・公正性

AIシステムをビジネスに導入する際には、公平性と公正性を確保することが重要です。AIは大量のデータからパターンを学習し、予測や判断を行ないます。しかし、学習データに偏りがあると、AIの結論も偏り、差別的な結果を生む可能性があります。たとえば、採用プロセスなどにおいて、過去のデータに性別や人種、年齢などのバイアスが含まれていれば、AIはそのバイアスを学習し、不公平な判断を行なってしまうことがあります。

AIは特定のグループの人たちに共通する特徴を見つけ出し、それに基づいて判断を下すことがあります。しかし、この判断が

偏ったデータに基づいていると、そのグループの人たちに対して不当なレッテルを貼ってしまう、いわゆる「差別」につながる可能性があります。たとえば、過去のデータから「特定の地域出身者は能力が低い」と学習したAIが、その地域出身者を不利に扱うことが起こり得ます。

　一つの具体例として、顔認識技術で発生した「白人以外の認識率が低かった」という問題が挙げられます。顔認識AIは主に白人男性の顔データをもとに学習していたため、アフリカ系やアジア系の顔を正確に認識する能力が低く、これが差別的な結果を生んでしまいました。このようなバイアスが放置されると、特定の人種や属性の人々がシステムから不利な扱いを受けるリスクが高まります。

　この問題に対処するためには、まずAIに学習させるデータのバイアスを慎重に確認し、特定の属性（たとえば性別や人種、出身地など）に基づく差別が含まれていないことを確かめる必要があります。公平な判断を行なうためには、データの質を定期的に見直し、偏りがある場合はその影響を最小化するための調整や補正が不可欠です。

　公平性に対する社会的な関心が高まるなかで、規制も強化されています。ニューヨーク市では、採用AIに関する規制が施行され、採用プロセスでAIを使用する企業はそのことを候補者に通知し、定期的にAIの公平性について第三者による監査を受けることが義務付けられました。今後も、こうした規制は各地で強化されていくと予測されます。したがって、企業はAIを利用する際に、法律や規制を遵守するだけでなく、社会的な期待にも応えられるような運用を行なうことが求められます。

●プライバシー

　AIが日常生活に深く浸透するなかで、プライバシーの保護は重要なテーマです。たとえば、高齢者を見守るためのカメラや、

学生の内定辞退率を予測するシステムなどが、プライバシー侵害につながるとして問題視されたことがあります。

　AI技術の進化により、個人情報の収集や分析がこれまで以上に簡単になっていますが、だからこそ企業側には慎重な姿勢が求められます。「自分がやられて気持ち悪いものは、他の人にも実装してはいけない」という基本的な意識を持つことが、AIの活用において極めて大切です。企業がユーザーの許可を得ずに個人情報を収集したり利用したりすることは、ユーザーに不安感を与え、信頼関係を崩す要因になります。たとえば、ユーザーの行動を密かに追跡し、そのデータをマーケティングに利用すれば、ユーザーは「なぜそんなデータが取られているのか」と強い不快感を抱くでしょう。

　収集するデータは必要最小限に抑え、データの扱いについても透明性を確保することで、ユーザーが安心してサービスを利用できる環境を提供することが重要です。技術の利便性だけでなく、ユーザーがどう感じるかを常に意識することが、長期的な信頼を築くうえで欠かせません。ユーザーに「こんなデータも分析されているのか」と感じさせたら信頼を築くことはできません。すなわち、「法律に準拠していれば大丈夫」というわけではありませんので、注意が必要です。

● 透明性と説明責任

　AIが導き出す結論がどのようなプロセスを経て得られたものかを理解することは、AIを信頼し、安心して活用するために非常に重要です。

　たとえば、説明責任を伴う業務では、最終的な意思決定を人間が行なう場合が多くなると思いますが、AIの出した結果を参考情報として使う際には、その信頼性を疑わせるような不透明さがないようにしておく必要があります。

　そもそも、ディープラーニングを用いたモデルは構造が複雑で、

ブラックボックス化しやすいという問題があります。その内部動作が人間には理解しにくいため、なぜそのような結論に至ったのかが説明できないと、信頼性に疑問を感じさせてしまいます。たとえば、自動運転車が急ブレーキをかけた際に、なぜその判断をしたのか理由を説明できなければ、利用者はそのシステムを信頼できなくなるでしょう。

　AIの透明性を確保するために「説明可能なAI（Explainable AI: XAI）」という技術が研究されていることを前章で説明しました。XAIは、AIの判断根拠を人間が理解できる形で提示する技術であり、AIの内部動作をわかりやすく説明することを目指しています。たとえば、自動運転車にXAIが組み込まれていれば、「前方に歩行者が飛び出してきた」「信号が赤に変わった」など、急ブレーキをかけた理由を具体的に説明することができます。これにより、乗客はAIの判断を理解し、安心してその技術を利用することが可能となります。複雑なロジックを持つAIであっても、XAIの技術が進化すれば、その内部動作を把握し、透明性を確保することができるでしょう。今後、XAIの研究がさらに進展すれば、様々な分野でAIの社会実装が加速することが期待されます。

　中堅・中小企業においても、AIを導入する際には、そのAIがどのように判断を下し、なぜその結果になったのかを説明できるかどうかをしっかり確認することが大切です。

COLUMN
AIに代替される仕事とは?

　「AIが仕事を奪う」という話を聞くと、気になりますよね。

　従来、機械に人間の仕事を代替させようとするときには、その対象は主に疲労を伴う重労働や単純作業がほとんどでした。人間が解放されるというプラスの要素が多かったのです。しかし、AIはこれまでとは異なり、翻訳や文章作成、イラスト制作、作曲、プログラミングといった、知的作業もこなせるようになっていることから、一部の人は、人間の尊厳が脅かされるのではないかと感じるようになりました。

　とくに「生成AI」の登場で、その能力は飛躍的に向上し、できることがどんどん増えています。生成AIのすごさを一言で言うなら「汎用性」です。たとえば、従来のAIは「翻訳する」という単一タスクしかこなせませんでしたが、ChatGPTは翻訳してからそれらを要約したり素人にもわかりやすい文章にアレンジしたり、複合的なタスクをこなせるようになりました。

　ゴールドマン・サックスの調査によると、現在存在する仕事の約3分の2がAIの影響を受ける可能性があり、世界で最大3億人分のフルタイムの仕事が自動化されるリスクがあるといわれています (The Potentially Large Effects of Artificial Intelligence on Economic Growth, Goldman Sachs, March 2023)。

　これは衝撃的な数字ですよね。でも、安心してください。現時点のAIには限界があります。AIは万能ではないのです。

　人間は100メートルを9秒台で走るのが精一杯ですが、自動車を使えばその何倍ものスピードで移動することができます。人間の能力を遥かに超える機械に対して、これまで私たちはそのメリットを十分に享受し、発展してきました。AIも同じように知的な道具として利用すればいいのです。AIで仕事が代替されるのではなく、AIを使う人間に仕事が集まるのだと考えています。

　いまのAIは、ある特定のタスクをこなすのは得意ですが、一つの仕事を最初から最後まで全部やるのはむずかしいのです。人事、総務、経理、営業、なんでもそうです。一つのタスクだけで構成される仕事はほとんどないはずです。ときには状況を確認するために電話したり、ときにはイレギュラーが発生して駆けつけたり、誠心誠意謝ったり……。

　第170回芥川賞を受賞した九段理江さんが、受賞作を「生成AIを駆使して

書いた」と発言したことが話題となりました。しかし、AIを使ったのは数百ページある小説のなかで、わずか1ページにも満たない。さらに書き出しで使っただけで、続きは自分で書いたそうです。AIと対話しながら構想したことを認めていますが、この場合、AIが優れているのではなく、九段さんという小説家が純粋に優れているだけではないでしょうか。

　つまり、現在のAIの能力では、仕事の「やり方」は変わりますが、ほとんどの仕事を置き換えるまでには至りません。ただし、すべての仕事が代替されないとも言い切れません。あまり多くはありませんが、単一のタスクで完結するような仕事はAIに代替される可能性はあります。たとえば、安全性が確認されて自動運転が実用的になったときに、複雑な状況判断が比較的少ないといわれる地方のルートバスの運転などは、AIに置き換わる未来があり得ます。

　しかし、たとえ「運転」というタスクがAIで代替されたとしても、運転手だった職員が運転補助として乗り込むことにより、高齢者に対して支援を強化したり、安全面に貢献したりするなどで、サービスレベルを向上させることもできます。もしくは、運転手だった人たちは、自動運転AIを研ぎ澄まし、より乗り心地をよくする教師データの作成者として活躍できるかもしれません。つまり、いまはまだ誕生していない職業がきっとこれからたくさん出てくるはずだと考えられます。

　そして、最終的には、どんどんAIに仕事を奪ってもらうことにより、人間にしかできないハートフルな業務を強化していけば良いのだと思います。

IMPLEMENTATION OF ARTIFICIAL INTELLIGENCE

第 4 章

中堅・中小企業が
AIを導入・活用するための
戦略

SECTION 1

中堅・中小企業がAI導入前に押さえておくべきポイント

✦ キーワードは俊敏性と柔軟性

● 大企業に先んじることも可能

　リソースや資金力が限られている中堅・中小企業にとって、AI導入はハードルが高いと感じられるかもしれません。しかし、実は中堅・中小企業だからこそ、AIを効果的に活用し、ビジネスを大きく飛躍させるチャンスがあるのです。

　キーワードは、「俊敏性」と「柔軟性」です。大企業のように複雑な組織構造や意思決定プロセスを抱えていない中堅・中小企業は、迅速に意思決定を行ない、変化に柔軟に対応することができます。この強みを活かすことで、AI導入を成功に導き、競争優位性を築くことが可能です。

　BYOD（ビーワイオーディー）という言葉をご存知でしょうか？ Bring Your Own Deviceの略で、「私物のデバイスを業務に持ち込む」という意味で使われます。たとえば、自分のスマートフォンから会社のメールを見ることができるようにする仕組みなどです。最近、この派生系としてBYOAI（ビーワイオーエーアイ）という言葉が出てきました。これは、Bring Your Own AIの略で、従業員が業務に私物のAIツールを持ち込んで利用することを指します。たとえば、会社のPCでChatGPTへアクセスすることが禁止されているとしましょう。それに対抗するために、私物のスマートフォンからChatGPTにアクセスし、業務に必要な情報収集を行なうという回避行為を指します。このようにIT部門の許可を得

ずに勝手にITサービスを利用することを「シャドーIT」と呼んだりしますが、AIの進化スピードに会社のコンプライアンスやセキュリティのルールが追いついていないことが原因の一つです。

こうした状況は、中堅・中小企業にとっては大きなチャンスとなり得ます。意思決定の速さや柔軟性を活かして、AIのメリットとリスクを評価し、社内に適切なポリシーと管理体制を整備することで、会社としてAIを活用する体制をつくれば、大企業に先んじてのAI活用が可能となります。

では、小回りの利く強みを活かして、極限まで俊敏性と柔軟性を高めるために、具体的にどのような考え方でAI導入を進めれば良いのでしょうか？　これから、中堅・中小企業がAI導入を成功させるためのポイントを解説していきます。これらのポイントを押さえることで、AIの力を最大限に引き出し、ビジネスの成長を加速させることができるはずです。

● 内製化ポイントを絞る

まず、どのような企業でも、ITシステムに関するすべての業務（システム開発や保守・運用など）を自社の人材のみでカバーすることはむずかしい状況です。とくにIT人材を潤沢に抱えることがむずかしい中堅・中小企業にとって、すべてのITシステムに総花的に注力することは現実的ではありません。アウトソーシングで対応する部分と自分たちで内製化すべきポイントを的確に見極めることが大切です。そのポイントとは何でしょうか。

システム開発には人員配置やリソース配分において特殊な事情があります。システム開発プロジェクトは、前半から中盤の要件定義や設計・開発といったフェーズでは多くの人材が必要ですが、後半の保守・運用フェーズでは必要な人数は大きく減少します。さらに、開発フェーズと保守・運用フェーズでは必要なスキルも異なります。このため、開発のピーク時を想定してIT人材を大量に抱えると、保守・運用フェーズでは人員過剰になったり、ス

キルのアンマッチが発生したりするリスクが高いのです。

　このような課題に対処するため、米国のようなIT先進国では、プロジェクトごとに人材を調達する「プロジェクトベース・ワーク」が取り入れられています。必要な人材をプロジェクト期間中のみ雇用し、プロジェクト終了後には解散するというやり方です。しかし、日本の場合は雇用の流動性が低いことから、このように柔軟な人事管理はむずかしいのが実情です。したがって、必然的に外部パートナーとの連携、つまりアウトソーシングを検討することが不可欠だといえます。

● ITシステムを３つの種類に分ける

　その検討にあたって役に立つのが、ITシステムを開発モードや主な役割で分類したSoR、SoE、SoIという３つの概念です。これは、世界的なITアドバイザリ企業であるガートナー社が2015年に提唱した「バイモーダルIT」という考え方を発展させたものです。

　バイモーダルITとは、変化の激しいビジネス環境に対応するために、ITシステムをSoR（記録システム）とSoE（顧客接点システム）という２つの異なるモードで運用するという考え方です。この考え方にSoI（洞察を得るためのシステム）を加えて、ITシステムを３つの種類に分けて考えることで、内製化のポイントを明確化することができます。

・SoR（System of Record）：企業の基幹となる情報を記録・管理するためのシステム（例：会計システム、契約管理システムなど）

・SoE（System of Engagement）：顧客との接点を担うシステム（例：Webサイト、スマートフォンアプリ、ECサイトなど）

・SoI（System of Insight）：データ分析やAIなどを活用し、ビジネスに役立つ洞察を得るためのシステム（例：需要予測システム、顧客分析システム、レコメンドシステムなど）

SoRは、主に基幹システムを指します。商品やサービス、財務面など企業の根幹となる情報を正確にデータベースに格納し、安全に業務を運営するためのシステムです。SoRは競争優位性を狙うシステム群ではないため、なるべく汎用化されたクラウドサービスや業界特有のパッケージソフトを採択します。基幹業務のプロセスはある程度標準化できるため、それ自体が企業の差異化要因にはなりにくいからです。また、ミスが許されない安全性の高いシステムが求められることが多く、独自に開発する際には障害やバグのリスクを極力抱えないことが重要です。他社で実績があり、不具合がすでに解消された状態の安全なシステムを使うことが要諦です。ITエンジニアはたまに「枯れた技術」という表現を使いますが、これは決してネガティブな意味ではなく、バグが解消されて安定した技術ということです。たとえば、業界シェアナンバーワンのシステムでは、その領域においてたくさんのユーザーを抱えていることが多く、それだけ多様なバグ（不具合）が解消されている可能性があります。SoRを検討する際には、そういったものを選択肢の第一候補に挙げて検討を進めていきます。

　SoEは、顧客との接点を担うシステムを指し、Webサイトやスマートフォンアプリなどが該当します。これらは競争力の源となるCX（顧客体験）に大きな影響を与えるため、自社でハンドルするのが望ましい部分です。顧客やユーザーの反応を見ながらシステムを柔軟に変更していく必要があるため、内製化する際には、簡単なクリック操作で開発が進められる効率的なツールを活用しましょう。一方、アウトソーシングする場合でも、システム開発の要件や運用については自社内に専任の担当者を置き、主体的にプロジェクトを進めることが大切です。パートナー企業を選ぶ際は、とくに「柔軟で迅速な対応ができるかどうか」をしっかり見極めましょう。SoRとは異なり、スピードが求められることが多く、安全性にこだわりすぎる企業とは相性が悪いことがあります。さらに、デザイン性も重要な要素であるため、モダンな開発に精

通したスタートアップ企業との協業も視野に入れましょう。

　SoIとは、取得したデータを活用し、ビジネスを活性化させるためのシステムを指します。具体的には、データ分析やAI技術を用いて商品需要を予測したり、膨大なデータから新たなビジネス機会を発見したりすることを目的に構築されます。これは「データ駆動型意思決定」とも呼ばれ、経営判断をより効果的に行なうために不可欠な仕組みです。この分野では、ITスキルに加えて、業界に関する深い知識や現場での経験、いわゆる「ドメイン知識」がとくに重要な役割を果たします。たとえば、営業領域のAIやデータ分析システムを構築する場合は、実際に営業を経験したことのある社員をチームメンバーとしてアサインし、現場のナレッジをもとに開発を進めていきます。実際のプロジェクトでは、システム開発の知識よりも、営業現場の課題を明確に定義し、実務に落とし込む能力が必要とされます。

● SoIを中心に内製化を目指す

　これら3つのシステムは、それぞれ異なる特徴を持っており、どの部分を内製化すべきかも異なります。結論として、最も注目すべきはSoIであり、積極的に内製化することをお勧めします。

　なぜなら、自社のビジネスに深く関わるデータを自ら収集・分析することで、AI活用による具体的な成果を迅速に得ることができるからです。SoIの内製化が実現すれば、データをもとに意思決定し、現場で活用するPDCAサイクルが効果的に機能します。経営者から現場担当者まで巻き込んで内製化を進めることで、AIの力を最大限に引き出し、ビジネスの成長を加速させることができるでしょう。データ分析には多少の専門知識が必要ですが、各種ツールが充実しているため、ITスキルに自信がない企業でも十分に対応可能です。

　ここで、SoIを内製化する際に直面した課題についてご紹介します。ある企業では、エンジニアを抱えておらず、SoRとSoEに

属するシステムをすべて外部に委託していました。自社ではほとんどシステムを保有・管理していなかったため、新たにSoIをゼロから構築し、最新のAIを導入しようと意気込んでいました。

しかし、ある日、AIやデータ分析に必要な業務データを自由に取得できないことに気づいたのです。これは、SoRやSoEを完全に外部に委託していたため、これらのシステムに格納されている貴重なデータにアクセスできなかったことが原因でした。どんなに優れたSoIを内製で構築しても、実際にデータが蓄積されているのはSoRやSoEのなかであり、そこに自由度がなければ絵に描いた餅になってしまいます。

この事例を他山の石とするならば、読者のみなさまに強くお勧めしたいのは、仮にSoRやSoEをアウトソーシングするならば、将来のシステム間の連携に注目し、「データを適切に利用できるか」や「APIなどを使ってリアルタイムでデータ取得が可能か」といったデータの取り扱いについてしっかり確認することです。場合によっては契約書にしっかりと明記しましょう。

✦ 中小企業のメリットを最大限に活かす

● シンプルな組織体制で挑む

シンプルな組織体制で挑むことは、意思決定の迅速化とスムーズな情報共有を可能にする「最高のエンジン」です。社員数が少ないということは、リソースが不足しているということではなく、コミュニケーションコストを最小化できるというポジティブな側面があるのです。大企業には複雑な承認プロセスや部門間の調整、膨大な会議時間……など、「AI導入の壁」があることに比べて、決裁権者が少ない小さな組織は有利だといえます。

そのため、中堅・中小企業は、少数精鋭のプロジェクトチームを意識すべきです。各メンバーが自らの明確な役割を持つと同時

に、一人で何役もこなすユーティリティプレイヤーとなることが大切です。そして、全社員が同じ目標を見据え、同じ方向へ進むこと。AI導入成功の鍵は、まさにこの「ベクトルの一致」にあります。社員一人ひとりがAIの価値を理解し、主体的に活用することで、組織全体のAI活用能力は飛躍的に向上します。

● 調整コストを極限まで下げる

　AI導入プロジェクトを成功させるためには、経営者が自ら指揮をとり、社内の調整コストを極限まで下げることが非常に重要です。AI導入は、たんなるITシステムの導入とは異なり、プロジェクトの途中で大きな方向転換が必要になることや想定しないトラブルに見舞われることがあります。そのような場面で必要なのは、トップのリーダーシップです。

　たとえば、現場では必ずしもAI導入に積極的な社員ばかりではありません。長年慣れ親しんだ業務フローが変わることへの抵抗感、AIによって自分の仕事が奪われるのではないかという不安、新しい技術への学習に対する億劫さなど、様々な理由で消極的な意見が出ることも想定されます。データの取り扱い一つとっても、部門間の調整に手間取ることがあります。営業部門は顧客データを活用したいと考えている一方で、事務部門やIT部門はセキュリティリスクを懸念する、といったように、異なる視点からの意見がぶつかり合うこともあるでしょう。

　このような状況では、担当者から始まり、課長、部長、さらには本部長まで、多くの関係者との調整が必要となり、多大な時間と労力を費やすことになります。コンピュータの世界では、効率を阻害する中間処理を「オーバーヘッドプロセス」と呼びますが、まさに会社組織においても「オーバーヘッダーズ」（中間で調整が必要な人）が存在し、コミュニケーションコストを増大させてしまうのです。だからこそ、トップ自らが旗振り役となり、時には「鶴の一声」でプロジェクトを推し進めることが必要になってきます。

近年注目を集めている生成AIの活用も、ビジネスに革新をもたらす可能性を秘めていますが、慎重な検討や多岐にわたる部署との調整が必要となり、導入までに時間を要している大企業は少なくありません。社員数が多くなるのに比例して、セキュリティ監視の目を強化する必要があるため、新しい技術導入に対して大企業ではどうしてもコストフルになってしまうのです。一方、迅速な意思決定と柔軟な対応を行なった小回りの利く組織は、いち早く生成AIのメリットを享受し、先行者特権による競争優位性を築いています。

また、これは私の経験則ですが、プロジェクトの関係者が増えれば増えるほど、当初は面白い企画だったものが、角の取れた当たり障りのないものになってしまうということが起こります。不思議なことに、新しいチャレンジをする場面では、ディフェンス側の慎重派の意見のほうがもっともらしくスマートに聞こえるのです。ですから、経営トップや部門リーダーがAI導入プロジェクトをしっかり牽引し、社内の調整コストを極限まで下げるアクションを心がけることが大切です。

● 経営目標とAI導入を直結

中堅・中小企業には、大企業にはない強みがあります。それは、経営者の想いや経営目標が現場の業務と密接に結びついていることです。この強みを活かすことに注力しましょう。言い換えると、経営目標とAI導入の方向性を一致させることが、中堅・中小企業の重要なAI戦略となります。抽象的な目標を具体的なAI活用へと落とし込むこと、そして現場からのフィードバックを迅速に経営戦略へと反映させること。この「具体と抽象の往復」を、経営層と現場が一体となって高速で回し続けることが、AI導入を成功させる道筋です。

たとえば、「AIによる効率化」をプロジェクトの目標とするときも、「なぜいま、効率化する必要があるのか」という本質的な

経営目標に立ち返ることで、経営者から現場担当者まで一つの方向に向かって進むことができます。「地域に愛される企業となる」ということであれば、その効率化した時間をボランティア活動に注ぎ込んだり、地元の企業にナレッジを共有したり、他にも様々な魅力的なゴールを設定することができます。具体案はそれぞれの企業で異なりますが、このように経営目標とAI導入を直結させるのです。

実際、私が関わったプロジェクトでも、経営目標と現場の課題を丁寧に擦り合わせることで、プロジェクトメンバーの納得感が醸成され、格段に推進力が強まりました。大企業では、AI導入自体が目的化してしまいがちですが、中堅・中小企業では経営者と現場の距離が近いため、常にAI導入の目的を見つめ直し、経営目標に立ち返ることができます。この柔軟なアプローチこそが、組織全体のAI活用を効果的に進める鍵です。

経営者と現場社員が同じ目線で課題を共有し、共に解決策を探っていく。この共創体験こそが、組織全体のAI活用能力を高める原動力となるのです。この際に有効な方法として、経営者と現場社員が一緒にAIを学ぶというやり方も有効でしょう。AIに関する基礎知識や最新の活用事例などをともに学ぶことで、経営層は現場の課題をより深く理解し、現場社員は経営目標への貢献意識を高めることができます。それにより、社員一人ひとりがAIプロジェクトの当事者意識を持ち、主体的にAIを活用していくことが可能になるのです。

● 一人の熱意が企業を変える

AI導入プロジェクトは、「船頭多くして船山に登る」という状況に陥ることがあります。とくに初期段階で熱意に欠けた人たちが集まってしまうと、責任が分散し、プロジェクトが前に進まないという事態が発生しがちです。このような状況を避けるためには、関係者を絞り込むことが大切です。

具体的には、プロジェクトを牽引する熱意ある担当者を選び、十分な権限を与えます。時に、一人の熱い想いが企業全体を変えることがあるからです。まるでリップルエフェクト（波紋現象）のように、池に石を投げ込むと、小さな波紋が広がっていきます。大きな池ではすぐに波紋は消えてしまいますが、小さな池では波紋はたちまち全体に広がり、岸に当たって反射し、さらに中心に戻ってきます。AI導入においても、この波紋現象は組織規模によってその影響力が変わります。

　大企業では、組織が大きい分、一人の熱意が全体に広がるまでに時間がかかったり、途中で波紋が消えてしまったりする可能性があります。しかし、中堅・中小企業では組織全体に伝播しやすく、効果を最大化しやすいといえます。

　私が実際に取るアクションとしては、波紋現象が起きやすいように、まずは熱意のあるリーダーをしっかり選び、なるべく大きな石（魅力的なプロジェクトの目標）を会社の中心に落とします。そして波風が立たない凪の状態を整え（AI導入に積極的なメンバーで周りを囲み）、波紋の力を社内全体に広げます。

　さらに、従業員数が100名を超える組織では、AI活用の成功を加速させるために「インフルエンサー制度」を導入することも有効です。AI導入に積極的な従業員をインフルエンサーに任命し、他の社員にAIツールの使い方を指導したり、活用事例を共有したりすることで、組織全体でのAI浸透を促進します。このインフルエンサーは、いわばAI活用の「伝道師」であり、組織のAI導入成功の鍵を握る存在となります。彼らが活動しやすい環境を提供し、波紋をいろいろなところで発生させるのです。

SECTION 2

低コストかつ柔軟な対応を するために

✦ クラウドサービスの活用は不可欠

● 必要なときに必要なだけ利用できる

中堅・中小企業にとって、AI戦略におけるクラウドの活用は もはや選択肢ではなく必須条件です。俊敏性と柔軟性を高めるた めの最高の相棒となります。クラウドコンピューティングは、必 要なときに必要なだけリソースを利用できるサービスであり、自 社でサーバなどの機器を調達するオンプレミス型システムと比較 して、初期費用を抑えつつ、柔軟かつ迅速にシステムを構築・運 用できるという大きなメリットがあります。

とくにAI開発には、高度なデータ処理や計算能力が求められ るため、高性能なサーバやストレージが必要となることがありま す。こうした設備を自社で保有することは、中堅・中小企業にと って大きな負担となりかねません。そこで、クラウドを活用する ことで、必要なときに必要なだけリソースを調達し、効率的に AI開発に必要な環境を構築することが可能になります。また、 クラウドサービスは常に最新の技術にアップデートされ続けてい るため、最先端のAI技術を手軽に活用できるという大きなメリ ットも得られます。

さらに、クラウドはスケーラビリティ（拡張可能性）にも優れて います。ビジネスの成長に合わせて、必要なリソースを柔軟に増 減させることができます。AIプロジェクトの初期段階では小規 模なリソースでスタートし、成果に応じてリソースを増強してい

くといった柔軟な対応が可能です。仮に、海外からの需要が急増し、業容が急拡大した場合でも、オンプレミスだと急にサーバを調達したり、高速でセッティングしたりすることは至難の業なのに対し、クラウドであればすぐにリソースを増強できますので、いかなる場合にも備えることができます。

● クラウドサービスの種類

クラウドサービスは、提供されるサービスの形態や種類によって、大きく3つに分類されます。以下にそれらの特徴を簡単に説明します。

○ SaaS（Software as a Service）

読み方は、サースです（サーズと呼ぶ人もいます）。「ソフトウェアのレンタルサービス」だと思ってください。いろいろなソフトウェアを、インターネットを通じて使えるようにするものです。インターネットにつながってさえいれば、PCにソフトウェアをインストールしなくても、WEBブラウザだけですぐに使えます。会計システムや顧客管理システムなど、様々な種類のソフトウェアがSaaSとして提供されています。

○ PaaS（Platform as a Service）

読み方は、パースです。「アプリ開発のための作業場」を提供するサービスです。アプリをつくったり、インターネット上で動かしたりするために必要な道具や環境が、クラウド上にあらかじめ用意されています。そのため、面倒な準備なしで開発をスタートできます。ただし、PaaSを利用するには、ある程度の技術知識が必要です。プログラミングやデータベースの操作も必要となるため、SaaSに比べると利用のハードルは高くなります。

IaaS (Infrastructure as a Service)

読み方は、イアースです（アイアースと呼ぶ人もいます）。IaaS は、「IT インフラのレンタルサービス」のようなものです。サーバやネットワークといった、IT システムの基盤部分をクラウド上で利用できます。IaaS では、アプリ開発だけでなく、サーバやネットワークの設定など、インフラの管理も自分で行なう必要があります。そのため、専門的な技術知識が不可欠で、初心者にはむずかしいと感じるかもしれません。

これらのクラウドサービスは、利用のハードルが低い順に、SaaS、PaaS、IaaS と並んでいます。具体的なアクションとして、中堅・中小企業にお勧めするのは「SaaS」の積極的な活用です。SaaS は、手軽に導入でき、専門知識がなくても利用できるため、まずは SaaS の導入を検討しましょう。最近では、特定の業界に特化した SaaS も多く登場しており、様々な専門業務にも対応できるようになっています。このような業界特有の課題解決を支援するクラウドサービスは、「バーティカル SaaS」と呼ばれます。一方、業種を問わず幅広く利用できるサービスは「ホリゾンタル SaaS」と呼ばれ、たとえば、会計ソフトや人事管理システム、営業支援システムなどがこれに該当します。スタートアップ企業のなかには、バーティカル SaaS とホリゾンタル SaaS を組み合わせることで、ほぼ SaaS のみで事業を展開している企業も増えています。それほど、使いやすく、汎用性のあるものが揃ってきています。

SaaS で対応できない場合、たとえば、業務内容が特殊でカスタマイズが必要な場合は、PaaS の利用を検討しましょう。PaaS を使えば、自社独自のアプリケーションを開発できます。しかし、自社独自の業務だと思っていたものの、それが競争優位性につながらない場合は、SaaS の標準システムで対応することも検討してみてください。

最後の選択肢として、IaaSがあります。サーバなどのインフラだけを調達し、すべて独自に開発する必要がある場合は、IaaSを選択することになります。ただし、IaaSを使ったシステム開発には、基盤運用やトラブル対応なども自社で行なう必要があるため、インフラエンジニアが必要となります。

● クラウドをお勧めする理由

　AI開発においては、「車輪の再発明」は避け、既存の技術やツールを最大限活用しましょう。「車輪の再発明」とは、すでに世の中に存在し、うまく機能しているものを、わざわざもう一度つくり直すことを意味します。AI開発においても、すでに多くの便利なツールや技術が存在します。それらを使わず、すべてをゼロから開発するのは、時間と労力の無駄遣いです。とくに、ものづくりが好きなエンジニアは、ついこのような非効率な開発をしてしまいがちなので、注意が必要です（自戒の意味も込めて）。

　クラウドなら、AI開発に必要なツールやサービスが豊富に提供されています。これらのツールを活用することで、AIプロジェクトを迅速かつ効率的に進めることができます。中堅・中小企業にとっては、経営資源の最適化が重要です。システムインフラへの多大な投資をするよりも、既存のツールやサービスを「使う」ことに集中することで、AI導入を加速させることができます。

　また、クラウドの最大のメリットは、初期費用を抑えて、気軽にAIプロジェクトを開始できることです。「やっぱり、やーめた」もOKです。もしプロジェクトの方向性を見直す必要が生じても、クラウドなら、すぐにリソースを縮小したり、別のサービスに乗り換えたりすることができます。この柔軟性は、変化の激しい昨今のビジネス環境において、非常に重要です。生成AIの登場で一気に情勢が変わったように、AIの世界はそれこそ日進月歩です。AIシステムの開発中に、さらに効率よく課題を解決してくれるようなAIが登場したらすぐに乗り換えたいですよね。

これを実現できるのはクラウドなのです。クラウド事業者は競争が激しいこともあり、常に最新のAI機能を取り込もうと必死です。この恩恵に与からないのは損だといえます。

　クラウドのセキュリティに関しては、以前は不安視されることもありましたが、現在では多くのクラウドサービスが高度なセキュリティ対策を導入しており、安心して利用できる環境が整っています。たとえば、自宅のセキュリティを考えると、戸建よりマンションのほうが費用対効果に優れた頑健な仕組みを導入できます。ITセキュリティもこれと同じです。自社で個別にセキュリティ対策を行なうよりも、クラウドサービスの強固なセキュリティ体制に守られるほうが、むしろ安全だといえます。ただし、SaaS企業によってセキュリティへの取り組みに差があることも事実ですから、利用する際は、利用規約やその企業のセキュリティ方針をしっかりと確認し、適切にアセスメントを行なうことが重要です。

✦ノーコードAI開発ツールを使い倒す

● 非エンジニアしかいなくても大丈夫

　AIの導入において、中堅・中小企業にとっての大きなハードルとなるのが、専門的なエンジニアの不足です。しかし、この課題は解決することができます。

　それが、「ノーコードAI開発ツール」を使い倒す、というやり方です。ノーコードAI開発ツールとは、プログラミングの知識やスキルがなくても、直感的な操作でAIを構築・活用できる画期的なツールです。現在、様々なツールがリリースされていますが、どんどん改善されて使いやすくなっています。この技術的な発展の恩恵を受けるときは、まさにいまです。

　ただし、「ノーコード」という言葉には注意が必要です。プロ

グラミング不要とうたっているツールには、主に開発者の負担を下げるものと、非エンジニアでも簡単に操作できるものの2種類があります。この2つは大きく異なり、本書でお勧めするのは後者のツールです。間違えて前者のエンジニア向けを選んでしまうと、ツールを使いこなせずに無駄になってしまう恐れがあります。こうしたミスを防ぐためにも、たとえば気になるツールを見つけたら、ウェブサイトに掲載されている事例を確認したり、（最近は操作方法を動画で公開していることも多いので）実際に自社で使いこなせそうかどうかを確認してみましょう。

● ノーコードAI開発ツールの利点 （その1）

ノーコードAI開発ツールの利点は、大きく2つに集約されます。

1つ目は、誰でも直感的にAIモデルを作成できるため、AIエンジニアやデータサイエンティストが不足している企業でも、現場の担当者が自らAIソリューションを開発・運用することが可能になることです。結果として、専門家への依存が減り、AIプロジェクトを迅速に進めることができます。また、プログラミングの知識が不要なため、現場の担当者がアイデアをすぐに実行に移せるようになり、試行錯誤の質が格段に向上します。実際に私が携わったプロジェクトでも、システム開発未経験者がノーコードツールを使って数週間でAIモデルを作成し、実運用にこぎつけた例があります。このように現場主導でAI開発を進められることが、このツールの大きな強みです。

2つ目の利点は、テンプレートに沿って開発が進められるため、バグや障害のリスクが極小化されることです。従来のコードベースの開発では、複雑なコードに起因するバグの発生が避けられず、その修正やメンテナンスに多くのリソースを要します。しかし、ノーコードツールでは、精査されたテンプレートや標準化されたモジュールを使用するため、バグの発生が大幅に抑えられます。これにより、システムの安定性が向上し、運用後のメンテナンス

コストも削減され、長期にわたって信頼性の高いシステムを維持することができます。

これらの2つの利点により、ノーコードAI開発ツールは、エンジニア不足に悩む中堅・中小企業にとって強力な解決策となり、高品質なAIシステムの導入を後押しします。

● ノーコードAI開発ツールの利点（その2）

ノーコードAI開発ツールは技術的負債を抑えるためにも有効です。技術的負債とは、システム開発において短期的な利益や迅速な開発を優先する結果、将来的に大きなコストやリスクを伴う技術的問題を後回しにすることで生じる「ツケ」を指します。この負債は、コードを書いた瞬間から発生しますし、技術の進化とともにどんなコードもいずれは陳腐化してしまいます。とくに古いシステムの維持には高額なコストがかかり、これが企業の持続可能な成長を阻害する要因となり得ます。たとえば、COBOLのような古いプログラミング言語で書かれたシステムの保守には、非常に高いコストが発生することがあります。

ノーコードAI開発ツールは、こうした技術的負債を最小限に抑えるための有効な手段です。自社でコードを書いて開発する「スクラッチ開発」では、新しい機能を追加するたびに既存のコードが複雑化し、技術的負債が蓄積するリスクがあります。しかし、ノーコードAI開発ツールを使用すれば、複雑なコード管理や更新の負担が極小化されるため、企業は最新の技術を取り入れつつも技術的負債を抱えることなくシステムを維持・発展させることが可能です。

ただし、注意すべき点は、ノーコードAI開発ツール自体が販売終了になったり、更新が終了されたりすると、重い負債としてのしかかってくるということです。そのため、利用者数が多く、実績があるツールを利用することを強くお勧めします。

また、担当者変更時の引き継ぎにおいても、ノーコードツール

は効果を発揮します。実際の現場では、担当者が替わるたびにコードベースのシステムを理解するために膨大な時間を割かなければならないケースが多々あります。私自身の経験でも、新任の担当者が複雑な仕組みを理解できず、運用の継続を諦めざるを得ないことがありました。しかし、ノーコードツールであれば、視覚的にわかりやすいワークフローや設定が用意されているため、新しい担当者でもすぐに作業に取り掛かることができます。ノーコードツールは技術的負債の軽減だけでなく、チーム間のスムーズな連携を促進し、プロジェクトの継続的な成功を支える重要なツールとなるのです。

●「野良AI」問題とその対策

　ノーコードAI開発ツールの普及に伴い、新たに注目されている問題が「野良AI」の増加です。野良AIとは、管理されていないAIシステムやサービスのことを指します。ノーコードAI開発ツールの利便性により、プログラミングの専門知識がなくても誰でも簡単にAIを構築・運用できるようになりましたが、その反面、企業内で管理の行き届かないAIが乱立するリスクが生じています。

　このようなAIは、誤った結果を出しているにもかかわらず、誰もその存在に気づかず、放置されてしまう可能性があります。結果として、業務効率の低下や顧客満足度の低下、さらにはセキュリティリスクの増大など、企業にとって深刻な問題を引き起こす可能性も否定できません。

　これは現在でも多くの企業が苦しんでいる「野良エクセル」問題に類似しています。社内の"エクセル職人"が作成したマクロ（コンピュータプログラム）が乱立し、作成者が異動や退職した後に管理できなくなってしまう問題です。この問題を防ぐためには以下のような対策を施します。

　一つ目は、AIツールの棚卸しと可視化です。まず、どの部門で、

どのような目的で使われているかをリスト化し、定期的に使用状況を確認するルールを設定します。この際に、誰が主な管理者か明確にすることも忘れずに行なっておきます。

　二つ目は、承認プロセスの確立です。新たにAIツールを導入する際、必ずAI専門の担当者が承認を行なう仕組みを構築します。これにより、すべてのツールが適切に管理され、知らないところで新たなAIシステムが乱立することを防止できます。

　三つ目は、定期的なパフォーマンスチェックです。AIモデルが最新の状況に対応できず、教師データ自体が古くなっていることもあります。AIツールが正しく動作しているか、誤ったデータを出力していないか、AI担当者が定期的にパフォーマンス評価を行ないましょう。

　四つ目は、社員教育の強化です。AIツールを使う担当者に対して、基本的なAIリテラシーやツールの使い方のレクチャーを定期的に実施します。これにより、現場の担当者が適切にAIを活用できるようになり、野良AIの発生を未然に防ぐことができます。

COLUMN
シンギュラリティは近い？

　新聞やニュースなどで取り上げられているので、「シンギュラリティ」という言葉をご存知の方も多いと思います。シンギュラリティとは、AIが人間の知能を超え、さらなる高度なAIを自ら開発することで、技術の進歩が指数関数的に加速する転換点を指します。つまり、AIが自分自身を改良し、ますます高度なAIを次々と生み出すことで、人間の制御を超えた技術的な飛躍が起こり、社会や経済、私たちの生活に大きな影響を与える瞬間を指しているのです。この概念は、2005年にレイ・カーツワイル氏によって出版された著書『シンギュラリティは近い』で提唱され、2045年頃に起こると予測されたことで、広く知られるようになりました。

　シンギュラリティは、しばしば汎用人工知能（AGI）の実現と関連付けられますが、この2つは異なる概念です。AGIは、人間と同じように広範な問題解決能力を持ち、過去に経験したことのない新しい状況にも柔軟に対応できるAIを指します。一方、シンギュラリティは、AIが進展した際の社会的影響や未来のシナリオに焦点を当てた概念です。

　シンギュラリティが到来すると、AIが人間の知能を凌駕し、私たちの社会、経済、さらには人類そのものに計り知れない影響を与えると考えられています。たとえば、AIによる多くの業務の自動化が進み、雇用に影響を与える可能性があります。その一方で、AIが新しい産業やイノベーションを生み出し、経済成長を加速させることも考えられます。また、倫理的な問題や社会構造の変化など、様々な側面からの影響も予想されます。こうした議論のなかで、ベーシックインカムの導入の検討を促す声もあります。

　しかし、シンギュラリティがいつ到来するのか、また、それが人類にとってどのような未来をもたらすのかについては未知数であり、専門家のあいだでも意見が分かれています。シンギュラリティによる世界の変化を恐れたり、手放しに期待したりするのではなく、現在の技術レベルに合わせてどのようにAIと共存し、向き合っていくかを考えるほうが重要です。

　実際に、現場でシンギュラリティについての懸念や疑問を抱く人も少なくありません。たとえば、先日、生成AIを活用したプロダクトを開発するために、社内の膨大なテキストデータを整理するタスクを提案したときのことで

す。現場担当者から「どうせシンギュラリティがくるのだから、いまわざわざ苦労してデータを集める意味があるのでしょうか?」という質問を受けました。彼の言い分は、「いずれAIがすべてを自律的に処理できる時代がくるなら、いまからやろうとしている大変なデータ整理の作業は無駄になるのではないか」というものでした。

その気持ちはよく理解できます。データを集める作業は、時間も労力もかかり、地道で大変なプロセスです。私自身も、データの収集や整理には多くの現場で関わってきましたので、その大変さは実感しています。

しかし、私はこのような意見に対して、冷静に考えるようコミュニケーションを重ねます。たしかに、シンギュラリティが到来すればAIが自動でデータを集める時代がくるかもしれませんが、現在行なっているデータ収集や整理が無駄になることはありません。繰り返しになりますが、AIはデータが命です。そして、データをどう集め、どう整理するかにおいては、人間の意図が大きな役割を果たします。たとえ、AIが自律的にデータを収集する未来が訪れたとしても、実務に携わる人間が目的を持って集めたデータの精度や文脈の深さには、簡単には及ばないでしょう。

また、シンギュラリティが訪れるかもしれない未来に備えるためにも、いまの段階でデータをどう扱い、どう整理するかをしっかり学び、実践することが重要です。現場の担当者もこの説明を通じて、データ収集の作業が未来にとっても重要な基礎となることを理解し、前向きにプロジェクトを進める意欲を持ってくれました。

「どうせシンギュラリティがくるから」と思う気持ちはよくわかります。しかし、だからこそいま、データを集め、整理し、AIを効果的に活用する力を培うことが、将来に向けた最も重要な準備であることは間違いありません。その苦労は、決して無駄にはならないのです。

IMPLEMENTATION OF ARTIFICIAL INTELLIGENCE

第 5 章

....

中堅・中小企業が
AI を導入・活用するための
実践

SECTION 1

中堅・中小企業が AI導入に成功する2つの型

✦ 成功には2つの「進め型 (かた)」がある

● パソコンが1台あれば始められる

　これから、中堅・中小企業がAI導入・活用に向けて具体的に何をすれば良いのか、実践的な内容に入っていきます。「AIなんて遠い存在」だと感じている方も、ご安心ください。これからご紹介する基本的な型に沿って第一歩を踏み出せばうまくいきます。なお、リアリティを感じてもらうために、私が実際に利用しているAI開発ツールを用いながら具体的な説明を行ないます。日本国内にはたくさんのAI開発ツールがありますので、ぜひ本書を参考に自社にとってベストなソリューションを探してみてください。

　以下では、すべての中堅・中小企業に取り組んでほしい2つの「進め型 (かた)」を紹介します。それは、業種・業態問わず明日からでもすぐ始められる「基盤モデル活用型」、AIトランスフォーメーションを目指すための「データ駆動型」の2つです。

　第1章でも紹介しましたが、中小企業基盤整備機構の調査によると、従業員規模が20人以下の企業において、DX推進の課題の上位2つは、「何から始めてよいかわからない (27.7%)」、「予算の確保がむずかしい (26.2%)」というものでした。型に沿って進めばしっかりとはじめの一歩を踏み出すことができます。そして、この2つの型は、なんとパソコン1台からでも始めることができますので、最初から大きな予算確保も不要です。小規模事業者の

みなさまにも間違いなくお勧めできるアプローチです。

　もちろん、2つの型を同時並行で進めていくのもOKです。しかし、すべてを一度に取り入れようとすると、消化不良を起こす可能性もあります。まだAI導入に慣れていない企業は、自社にとって取り組みやすい型、あるいはどうしても解決したい課題に絞って、スモールスタートすることをお勧めします。焦らず、一歩ずつ、着実にAI活用の道を歩んでいきましょう。

● 外観検査AIには個別対応が必要

　なお、製造業を中心に活用されている「外観検査AI」というジャンルがあります。こちらはディープラーニングの画像識別モデルを用いて、不良品のチェックなどを行なうAIで、中堅・中小企業でも導入実績が豊富です。しかし、自社の目的や環境に合わせてカメラや照明などの物理デバイスを設置したり、製造ラインにAIソフトウェアをビルトインしたり、要件次第でその仕様は千差万別です。外観検査AIに関しては、すべての企業に共通する型（かた）を本書で提供するのはむずかしいので、ぜひお近くのITパートナー企業と相談しながら、最適な形を探してみてください。最近では、比較的安価なソフトウェアやプロダクトに特化したソリューションも出てきていることから、難易度もだいぶ下がっています。また、導入に当たっては、第3章でも紹介した経済産業省発行の「AI導入ガイドブック　外観検査（部品、不良品あり）（部品、良品のみ）」をぜひご一読ください。こちらには詳細な導入フローや事例、クラウドサービスを使った開発方法などが丁寧に記載されています。

SECTION 2

ロケットスタートを切るための「基盤モデル活用型」

✦ 生成AIの導入はハードルが低い

● どんな企業でもいますぐに導入できる

最初に紹介するのは、業種・業態を問わず、いますぐ始められる「基盤モデル活用型」です。これは第3章で触れた「生成・対話AI」の実践に該当します。

基盤モデルには画像生成、音楽生成、動画生成など様々なタイプがありますが、本書では中堅・中小企業にとって最も有益なLLM（大規模言語モデル）に焦点を当てます。つまり、ChatGPTのような言語系のテキスト生成AIについて、その活用方法を解説します。

最新の生成AIは、言語処理はもちろん、数値データの分析まで、驚くほど多様な課題解決能力を秘めています。しかも、学習済みモデルを活用するため、いますぐにでも利用開始可能であり、中堅・中小企業にとっては、まさに「はじめの一歩」としてうってつけといえます。さらに、この後に紹介するデータ駆動型のAI活用手法でも、生成AIを組み合わせることで、その性能と使いやすさは飛躍的に向上します。今後のAI開発における「マスターキー」と呼ぶにふさわしい存在なのです。

AI導入の成功には、関係者全員の巻き込みが必要不可欠です。そのためにも、まずは「AIは使える！」という感動体験を共有することが重要です。生成AIの持つ圧倒的なパワーを体感し、その魅力を実感することで、大きな推進力を生み出しましょう。

なお、東京商工会議所から、「中小企業のための『生成AI』活用入門ガイド」（https://www.tokyo-cci.or.jp/file.jsp?id=1204275）が発行されています。非常にわかりやすく要点がまとまっており、中小企業が生成AIを活用するための情報が満載です。本書と合わせてぜひご活用ください。

● 生成AIを活用できるタスク

　生成AIは、中堅・中小企業にとって専門知識がなくても手軽に導入できる強力なツールです。しかし、その活用には様々な段階があり、それぞれに適したアプローチが求められます。ここでは、「どのくらい自社用にカスタマイズするか」を段階的に表記した「カスタマイズレベル」をもとに、具体的なタスクに活用する方法について説明します。まずはそのレベルはどういうものかについて、易しい順に見ていきましょう。

◦ カスタマイズレベル１：プロンプティング

　「プロンプト」という言葉を耳にしたことがあると思います。これは生成AIを使いこなすための「魔法の呪文」のようなものです。AIに実行してほしい内容を、このプロンプトという「指示書」で伝えます（プロンプティング）。そして、プロンプトの工夫次第で、AIは驚くほど多彩で幅広いアウトプットを生み出すことができるのです。

　従来、AIとの対話はプログラミング言語の習得が必須でした。しかし、生成AIの登場により、私たちは普段使い慣れた「言葉」でコンピュータとコミュニケーションをとれるようになりました。これは、ビジネスシーンにおけるAI活用のハードルを劇的に下げる、革新的な一歩といえます。たとえば、長大なレポートを読み込ませて「要点を３つにまとめて」と指示するだけで、AIが瞬時にそのタスクをこなしてくれます。そのプロンプトの書き方のコツについては後ほど詳しく説明します。

カスタマイズレベル1と表記していますが、厳密にいうとシステム的には何もカスタマイズせずにすぐに利用可能です。生成AIのサービスに登録し、費用を支払うだけで利用開始できます。あとは自分の実行したいタスクに従ってプロンプトをカスタマイズすることでAIに働いてもらいます。

　プロンプティングだけで生成AIを利用することの最大のメリットは、なんといっても導入準備が不要ということです。インターネット環境さえあれば、いつでもどこでも、誰でもAIの力を借りて業務効率化を図ることができます。

　実行できるタスクは、たとえば以下のように非常にバラエティに富んでいます。

文章生成：人間が書いたような自然な文章を生成する

文法チェック：テキストの文法やスペルミスを検出し、修正する

意図認識：テキストから発話者の意図や目的を理解する

文章のリライト：既存のテキストを異なる言い回しで書き直す

コンテンツ分類：テキストを特定のカテゴリーに分類する

情報抽出：テキストから特定の情報（氏名など）を抽出する

クリエイティブサポート：アイデア出しを支援する

要約：テキストから主要なポイントだけを抽出してまとめる

翻訳：テキストを異なる言語に翻訳する

コード生成：プログラムコードを作成する

データ分析：大量のデータを可視化し、洞察を得る

◦ **カスタマイズレベル2：RAG**（Retrieval Augmented Generation）

　RAGとは、Retrieval Augmented Generationの略で、日本語では「情報を参照しながら生成」という意味になります。このカスタマイズレベルでは、生成AIがあなたの会社のデータを参照しながら回答を生成するため、まさに「自社仕様」に整備されたAI活用が可能になります。イメージとしては、生成AIのアプリ

ケーションが基盤モデルにアクセスする前に、こっそり自社の情報を「チラ見（カンニング）」してから回答を生成するようなイメージです。

　生成AIはインターネット上の膨大な情報をもとに学習していますが、社内独自のルールや専門用語、商品の情報などは当然学習していません。RAGを活用することで、生成AIがこれらの社内情報を参照できるようになり、より的確で信頼性の高い回答を生成できるようになります。ハルシネーション（不正確な情報を生成すること）の防止策としても注目を集める活用方法です。

　RAGの導入には、生成AIと社内データの連携が必要です。具体的には、社内文書やデータベースなどを適切な形式に変換し、生成AIがアクセスできるように設定します。専門知識が必要となる場合もありますが、最近は使いやすいノーコードツールも登場しており、中堅・中小企業でも社内リソースだけで構築できる可能性が広がっています。その具体的な実現方法については後ほど説明します。

◦ カスタマイズレベル3：ファインチューニング

　ファインチューニングとは、基盤モデルを特定のタスクに適応させるために追加の学習を行なうことを指します。生成AIも、インターネット上の膨大な情報で基礎学習はできているものの、特定の業界や業務の専門知識までは持ち合わせていません。そこで、独自のデータ（専門用語集など）を追加学習させることで、その分野に特化したAIへと成長させることができます。

　ファインチューニングとRAGの違いは、基盤モデル自体に変更を加えるか否かです。RAGは外部情報を参照するだけであり、基盤モデルに変更を加えません。一方、ファインチューニングは基盤モデル自体に独自の情報を追加で学習させます。そのため、ファインチューニングを正しく実装するためには専門的な知識や技術が求められ、AIエンジニアがいない会社にとっては少しハ

ードルが高いかもしれません。まずは手軽に導入できる「プロンプティング」と「RAG」を活用し、生成AIの可能性を探ることから始めてみましょう。

最近は、クリック操作でファインチューニング可能なサービスも登場していますが、その基本的な原理を理解してから実装することが求められます。将来的には、より感覚的にチューニングできる手法が開発されると思いますので、ここでは概要だけを把握し、高度な活用を目指す際の選択肢の一つとして、頭の片隅に置いておいてください。

✦ プロンプトで業務を効率化する

● 生成AIを利用する準備

さて、ここから生成AI活用の具体的なアクションについて解説します。まずは、プロンプトを駆使して業務を改善するところから始めます。最初は個人や特定部署に限定した狭い範囲での利用から開始し、徐々にRAGを利用した社内向けサービスを立ち上げ、そしてチャンスがあれば社外展開へと段階的に広げていくステップを踏みましょう。この段階的なアプローチにより、リスクを抑えつつ、生成AIの導入効果を最大化することができます。

まずはスモールスタートプランです。これがいちばん簡単な方法であり、今日からでもスタートできます。プロンプティングのみで生成AIの有効活用を目指します。ここではChatGPTを例に、生成AIの利用を開始するための具体的な手順と注意点を解説します。

◦ 契約と利用開始

生成AIを利用するには、まず契約と利用開始の手続きを行なう必要があります。ここでは、個人での利用と法人・チームでの

利用に分けて説明します。企業によっては生成AIの利用自体を禁止している場合がありますので、社内のルールをきちんと確認してから正しく利用を開始してください。

〈個人での利用〉

個人でChatGPTを利用する場合は、まずOpenAIの公式サイトにアクセスし、利用したいプランを選びます。お勧めは、断然「有料プラン」です。無料プランもありますが、有料プランは応答速度や機能が格段にアップするため、ビジネスシーンや生産性を重視する方には最適です。また、無料プランでは最新モデルの利用回数に制限があるため、その真価をフルに体験したいなら、有料プランへの加入がお勧めです。

「ChatGPT Plus」は、月額20ドル（2024年10月時点）で、優先的にサーバリソースが割り当てられるため、ストレスフリーな応答速度と最新モデルへのアクセスが保証されます。さらに、利用できる機能も充実しており、仕事の効率化がよりスムーズに進みます。

アカウント登録は簡単で、メールアドレスやGoogleアカウントなどを使って行ないます。契約手続きが完了すれば、すぐにChatGPTの利用を開始できます。ただし、プランの詳細や設定方法は変更される可能性があるため、常に最新の情報を公式サイトで確認してください。

なお本書執筆中にも、最上位プランの「ChatGPT Pro」が発表され、個人でも世界最高峰のAIモデルの利用が可能になりました。

〈チームでの利用〉

チームでの利用には「ChatGPT Team」が有効です。このプランは、中小法人がAIを安全に使えるよう設計されています。たとえば、入力データを学習に使わないことが保証されているため、機密情報の漏洩リスクを最小限に抑えることができます。また、

管理者がユーザーの権限を管理する機能も備えています。さらにセキュリティ等が強化された大規模利用者向けの「ChatGPT Enterprise」も用意されており、企業での利用も広がっています。

　法人利用に関しては、国内ベンダーが提供する生成AIサービスも視野に入れましょう。これらのサービスは、日本特有の法規制やデータセキュリティ要件にも対応しており、手厚いサポート体制も魅力です。初めてAIを導入する企業でも安心して導入・運用を進めることができます。

○ 設定や利用の注意点

　生成AIを安全かつ効果的に使いこなすには、いくつかの重要な設定と注意点を押さえておく必要があります。まず、個人でChatGPTを利用する際、会話の一部がモデルの改善に活用される可能性があります。これを避けたい場合は、「データオプトアウト」の設定を行ないましょう。データオプトアウトとは、ユーザーがChatGPTなどのAIツールを使用する際に、自分の入力したデータ（たとえば、質問や会話の内容）がAIのモデル改善やトレーニングのために使用されないようにする設定のことです。

　また、生成AIを利用する際には、絶対に個人情報や機密情報を入力しないように注意してください。生成AIはインターネットを介して動作しており、情報の流出リスクはゼロではありません。

　2024年10月時点では、設定画面の「データコントロール」で「すべての人のためにモデルを改善する」をオフにすると、チャット履歴は30日後に削除され、データが学習に使用されることはありません。具体的な設定方法や利用に関する詳細は、システムのバージョンアップによって変更される可能性があります。常に公式サイトで最新情報を確認し、安全かつ効果的なAI活用を心がけましょう。

◦ ChatGPT 以外の代表的なサービス

　ChatGPT 以外にも、魅力的な生成 AI サービスが続々と登場しています。ここでは代表的なサービスをいくつか紹介しますので、気になるものはホームページをチェックしてみてください。これらのサービスはそれぞれ個性豊かな特徴を備えており、目的や用途に合わせて最適なものを選ぶことが重要です。まずは気軽に試してみて、あなたにぴったりのパートナーを見つけてみましょう。

Gemini（Google）：Google が提供中のサービスで、テキストだけでなく画像や音声も扱えるマルチモーダルな特徴が魅力です。最新の情報を反映した回答を得意とします。

Claude（Anthropic）：会話に特化した AI で、倫理的な配慮や安全性に重点を置いて開発されています。創造的な文章生成や、詳細な指示に基づいたアウトプットが得意です。

Perplexity AI：情報検索に特化した AI で、検索結果に基づいた正確な情報を提供します。出典も明示されるため、情報の信頼性を確認できます。

MS Copilot（Microsoft）：Microsoft 365 製品に組み込まれた AI で、Excel でのデータ分析や PowerPoint でのスライド作成などを支援します。日常の業務効率化に役立ちます。

● プロンプトを書くときのコツ

　生成 AI を効果的に活用するためには、プロンプトの書き方が非常に重要です。プロンプトの内容によって、AI が返してくる応答の質が大きく変わるため、適切なプロンプトの作成は成功の鍵となります。効果的なプロンプト作成には様々な情報源がありますが、今回は、ChatGPT の開発元で、生成 AI のリーディングカンパニーといっても過言ではない OpenAI が提供する公式ドキュメント（https://platform.openai.com/docs/guides/prompt-engineering）から、とくに重要なポイントを初心者向けに厳選して解説します。これ

らのポイントを意識することで、AIとのコミュニケーションを円滑に進め、より質の高い結果を得ることができるようになります。また、プロンプトの書き方については、日本国内でも様々な書籍が出版されていますので、それらも参考にしながらブラッシュアップしてみてください。

○ **明確で簡潔に書こう**

　プロンプトは、指示を明確かつ簡潔に伝えることが重要です。曖昧な表現や抽象的な指示は、AIを混乱させ、期待する結果を得られない可能性があります。具体的に、何を知りたいのか、どのような形式で回答してほしいのかを明確に伝えることで、AIはあなたの意図を正確に理解し、最適な応答を生成することができます。まるで自分のチームメンバーに直接依頼するように、明確な言葉で指示することが大切です。プロンプトが上手い人は、業務指示や依頼が上手な人かもしれませんね。

（書き方の例）

　たとえば、「東京の有名な場所について教えて」という指示は不明確であり、フワッとした答えが返ってきます。一方、「東京に初めて来た観光客にお勧めの有名な場所について教えて」と指示すれば、期待する答えを得ることができます。

○ **背景や文脈を教えてあげよう**

　文脈（そのときの状況や目的）を教えると、さらに適切な答えを返せるようになります。たとえば、要約してもらいたい文章があるとき、「ビジネス向けに」とか「初学者向けに」などの条件を加えると、AIはその目的に合った答えを出してくれます。一般的な要約プロンプトでは、AIはたんに情報量を減らすことを目指しますが、文脈を提供したプロンプトでは、経営陣が求める視点や要点を押さえた要約が期待できます。

（書き方の例）

「この文章を要約してください」と指示すると、たんに情報を圧縮します。一方、「このマーケティングレポートを経営陣向けに要約してください」と指示すると、文脈を考慮して要約してくれます。

・具体的な条件を伝えよう

AIに何かをお願いするときは、具体的にどんな結果が欲しいのかを伝えましょう。たとえば、「300文字以内で」とか「フォーマルな感じで」といった条件をつけると、AIはその範囲でベストな答えを探してくれます。

（書き方の例）

「xxxについて文章をドラフトしてください」という指示ではAIがどのようなテイストで結果を返すか迷ってしまいます。一方、「xxxについて300字以内で、初心者向けにフォーマルな感じで説明してください」と指示すれば、条件に従って出力してくれます。

・AIに役割を与えてみよう

AIに特定の役割を与えると、その役割に沿った答えを返してくれるようになります。たとえば、「あなたはプロの編集者です」と伝えると、AIはその視点から文章を改善しようとしてくれます。この手法をロールプレイングと呼びます。

（書き方の例）

「あなたは経験豊富で優秀なプロの編集者です。このテキストを読みやすくしてください。」

・例を与えてみよう

　AIに具体的な例を示すことで、期待する出力形式や理想的なスタイルを引き出すことができます。いわば、AIに「お手本」を見せるようなものです。たとえば、「箇条書きで3つのポイントを挙げてください」という指示に加えて、過去の類似した出力例を示すことで、AIは意図をより深く理解し、それに沿った回答を生成することができます。また、メールのドラフトを作成してもらうときに、過去の文例を与えることで、よりその人に近い文体でドラフトしてもらうことも可能です。

（書き方の例）

「顧客からのクレーム内容を分析し、過去の出力例を参考に改善策を3つ提案してください。」

　　##過去の出力例：

　　改善策1：顧客対応マニュアルを見直し、……

　　改善策2：顧客の声を収集する仕組みを導入し、……

　　改善策3：顧客満足度調査を実施し、……

・しつこく何回も聞いてみよう

　一度プロンプトを使って答えを得たら、それで終わりにしないで、もう一度聞いてみたり、質問を変えて深掘りしてみたりしましょう。とくにアイデアのブレストを行なうときは、問答方式により考えを深めていくことが有効です。AIは同じ質問でも異なる視点から答えを返してくれることがあり、深掘りすることで新たなアイデアや洞察が得られることがあります。あなたの同僚にしつこく何回も聞いたら嫌がられるかもしれませんが、生成AIは頑張って答えてくれますので遠慮する必要はありません。

（書き方の例）

「新しいラーメン屋をオープンするためのプランを提案してく

ださい」

　深掘り質問：「そのビジネスプランにおける主要なリスクを教えてくれますか？」

　さらに深掘：「そのリスクに対して、どのような対策を取るべきですか？」

　追加の要求：「初心者にもわかるように平易な表現で出力してもらえますか？」

○ **具体的なプロンプト例**

　たとえば、AI導入のリスクについてまとめたいときに、プロンプトのコツに従って次の図表5-1のように入力してみます。そうすると、結果が返ってきますので、修正したいところやさらに深掘りしたい内容を何度もしつこく指示しながら、ブラッシュアップしていきます。なお、「## 条件」のように区切ると、コンピュータが「切れ目」を認識しやすくなり、指示が明確に伝わるようになります。ぜひ実践してみてください。

● **現場で実践する際のポイント**

　ここでは、生成AIをレベル1で実践する際のポイントとして初心者に意識してほしい考え方や具体的なテクニックについて紹介します。これらのポイントは、私自身が日々生成AIと向き合うなかで見つけた、ちょっとしたコツのようなものです。少しでも読者のお役に立てるように、そのエッセンスを凝縮してお伝えします。

○ **新規作成はドラフトにとどめる**

　生成AIが出力した内容を最終的な成果物としてそのまま使うのは避けましょう。繰り返しますが、ハルシネーションのリスクがあるため、人間によるチェックが不可欠です。

　プロンプトを工夫すれば、感覚的には完成物の70点程度、つ

図表5-1 ｜ プロンプトの例

説明	プロンプト例
役割を与える	あなたは経験豊富なITコンサルタントです。
明確な表現で依頼する	AIをまだ利用したことがない中堅・中小企業向けに、AI導入時のリスクを最小限に抑えるための重要なポイントを教えてください。
背景や文脈を教える	これをもとに、経営者からAI導入の決裁を得るための資料をつくります。
具体的な条件を伝える	## 条件 ・箇条書き形式で、ポイントを3つ挙げてください。 ・非エンジニア向けに、専門用語を使わずにわかりやすく説明してください。 ・フォーマルな文体でお願いします。 ・具体的な事例を含めて説明してください。
出力の例を与える	## 出力例 ・ポイント1：導入目的を明確にして社員の共感を得る（内容を記載する。事例を含む） ・ポイント2：事前にデータを用意して量と質にこだわる（内容を記載する。事例を含む） ・ポイント3：AI導入後の運用・管理体制を怠らない（内容を記載する。事例を含む）

まり及第点のものまでは生成AIを使ってドラフトすることが可能です。残り30点のために私たち人間の意識を集中させ、完成度を高める作業に注力することで、全体の効率を大幅に向上させることができます。こういう使い方をすることにより、高品質な成果物を短時間でつくることができます。新しい企画書やプレゼン資料をつくる際は、最初の走り出し（ドラフト作成）がいちばんエネルギーを必要とします。そこをAIによってカバーできるのは非常に大きな利点です。ぜひ、たたき台の作成を目的として気軽に使ってみてください。

○生成AIを「整形AI」として使う

生成AIは、創造的な文章やアイデアを生み出すことに注目が集まりがちですが、既存のコンテンツを整えて改善する「整形AI」として非常に有効です。たとえば、文章の校正、不自然な日本語のチェック、リスクのある表現の洗い出しなど、多角的な視点でレビューしてもらうことができます。これにより、人間の目では見落としがちな箇所を効率的に確認し、文章の品質を向上させることができます。

一例を挙げると、顧客向け資料の最終チェックに生成AIを使用することで、論理の不整合を指摘してもらったり、潜在的なリスクのある表現を排除したりして、よりプロフェッショナルで信頼性の高い内容に仕上げることができます。私の場合は専門用語をうっかり使ってしまう癖があるので、初学者にもわかりやすく伝えるために、細かな表現を生成AIにチェックしてもらい、わかりにくい箇所があったら都度修正するという使い方をしています。

このように、既存文章を入力し、「整形AI」として活用することで、生成AIはより高品質な成果物を生み出すための強力なツールとして機能します。

プロンプトを共有して使い回す

優れたプロンプトができたら、チーム全体で共有し、ブラッシュアップしていきましょう。実際に私たちのチームでは、生成AIツールに備わっているテンプレート機能を使って、プロンプトを整理・共有し、再利用しやすくしています。

たとえば、要約や文章校正など、繰り返し発生する作業では、テンプレート化したプロンプトを活用することで、作業スピードが格段に向上し、結果の一貫性も保たれます。また、報告書やプレゼン資料を作成する際には、その部署特有のトーンや言い回しを反映したプロンプトを作成することで、統一感のある成果物が短時間で仕上がるようになりました。

さらに、特定の用語や表現を避けるプロンプトを設定することで、生成AIが細かい箇所も自動でチェックするため、人的ミスが大幅に減りました。こうした工夫をふんだんに取り入れることで、アウトプットの品質が安定し、チーム全体の作業効率が大幅に向上しました。

ただし、同じプロンプトを使っても、生成AIの出力が毎回同じになるわけではありません。その特徴を理解したうえで、プロンプトを適切に管理し、効果的に活用できる環境を整えましょう。

知らないナレッジを実践してもらう

外部の知見をプロンプトに取り入れることは、AI活用の効果を大幅に引き上げる重要なポイントです。私自身も、スマートフォンで思いついたアイデアを音声入力し、それをAIで文章として整える方法を実践しています。最初は、口述筆記のプロではないため、どのようにプロンプトをつくれば良いか戸惑いましたが、インターネットで調べていくつかのコツを見つけ、それをプロンプトに反映させることで改善できました。

たとえば、音声入力時に頻繁に出てくる「あー」「えー」「あの」「その」といった不要な言葉を削除する「ケバ取り」という

テクニックを知り、プロンプトに「ケバ取りをしてください」と具体的な指示を追加しました。また、「主語と述語のねじれ」を直す方法も専門家の技術ですが、これもプロンプトに盛り込むことで、AIがある程度正確に対応できるようになりました。こうして、専門家の知見をプロンプトに反映させることで、より精度の高い文章が作成できるようになりました。

　私たちは、頭で理解していても、実際に実行に移すのはむずかしいことが多いですが、生成AIはプロンプトに具体的に記載すれば、そのとおりに忠実に実行してくれます。この特徴を活かすことで、専門外の分野でも短時間でプロフェッショナルな成果が得られるのです。外部リソースやインターネットから得た知識をプロンプトに組み込むことで、AIのサポートを受けながら、従来はむずかしかった作業も進めやすくなり、自分のスキルを超えたレベルで取り組めるようになりました。

◦ データ分析やコード生成に使う

　生成AIは、文章生成だけでなく、データの可視化やコード生成にも活用できる強力なツールです。たとえば、ExcelやCSVファイルをアップロードし、「このデータをもとに売上の推移をグラフ化してください」と指示を出せば、AIが自動でデータを解析し、グラフを作成してくれます。グラフの種類や対象期間も指定できるので、まるでデータ分析が得意なアシスタントが隣にいるような感覚です。

　また、日々の作業を効率化するためのツール作成も可能です。たとえば、「特定のウェブサイトの更新を定期的にチェックし、更新があれば通知するコードを作成してください」とプロンプトに入力すると、AIがその指示に従い、コードを生成してくれます。プログラミングの知識がなくても、こうした日常業務に役立つ機能を簡単に作成できます。

　このように、生成AIはたんなる文章生成にとどまらず、デー

タ分析や日常業務の効率化にも応用できる可能性を持っています。少し工夫するだけで、より広い用途に活用することができるのです。

✦RAGを使ってAIアシスタントをつくる

●まずは社内のサービスとして使ってみる

それでは次のアクションです。プロンプトでの生成AI活用に加えて、社内の情報を使ってAIアシスタントをつくってみましょう。カスタマイズレベル2のRAGという機能を使っていきます。ChatGPTの有料プランでも「GPTs」という機能を使って実装することができますが、法人利用向けの細かい設定やサポート、使い勝手を鑑みて、国内の生成AIサービスの利用もご検討ください。

RAGを導入するためには、社内文書やデータベースなどを適切な形式に変換し、生成AIがアクセスできるように設定する必要があります。このプロセスには通常、専門的な知識が求められますが、ノーコードでRAGを実装可能な生成AIサービス（RAGツール）を活用すれば、専門知識がなくても簡単にクリック操作だけで導入できます。これにより、誰でも手軽にAIを活用した情報検索や応答生成を実現でき、業務効率の向上が期待できます。

なお、RAGを使っていきなり社外向けサービスの開発に着手することはお勧めしません。まずは社内のサービスとして導入してみましょう。たとえば、お客様向けチャットボットに生成AIを使うケースでは、慎重な検討が必要です。ハルシネーションを100％防ぐことは現時点の技術ではむずかしく、トラブルの種になる可能性があります。実際に、北米のある航空会社では、生成AI搭載のチャットボットがお客様に誤った割引情報を伝えてしまったことで、思わぬトラブルに発展しました。お客様はこの情報を信じて行動した結果、不利益を被ったとして訴訟を起こし、

裁判所は航空会社に賠償を命じたのです。

● RAGの仕組み

　RAGは、「①検索」と「②生成」の2つのプロセスから構成されます。検索プロセスでは、利用者の質問に合った情報を、あらかじめ用意された社内資料の中から探し出します。次に、生成プロセスでは、探し出した情報とユーザーの質問を組み合わせて、大規模言語モデルに指示を出し、回答をつくり出します（**図表5-2**）。

　つまり、いきなり大規模言語モデルに聞くのではなく、事前に社内情報を参照してから、その情報をもとにテキストを生成します。これにより、ハルシネーションのリスクは低減され、自社特有の受け答えが可能となります。

　これらのツールは、PDFなどの社内資料をシステムに登録す

図表5-2　RAGの動作イメージ

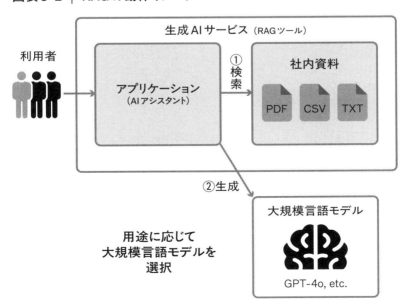

るだけで、AIが扱いやすい「ベクトルデータベース」という形式に自動的に変換され、生成プロセスで活用できる状態にします。利用者側としては、とくに技術的な細部を意識する必要はなく、単純にアプリケーションの指示に従ってクリック操作でデータをアップロードすれば、すぐに活用が可能となります。これがノーコード生成AIツールの利点です。

　また、生成プロセスにおいては、利用する大規模言語モデルを選択しますが、その選択には少し工夫が必要です。最新モデルを使えば高精度な結果が期待できる一方で、従量課金制によるコストも増加します。そのため、問い合わせ内容の重要度に応じて、コスト効率の高いモデルと最新モデルを使い分けることが求められます。しかし、最新モデルのコストは時間とともに低下することが予想されるため、次世代モデルが登場するタイミングでは手頃な価格で利用できるようになるでしょう。

　重要なのは、RAGの仕組みを導入するだけでなく、それを業務にしっかりと組み込み、実運用に乗せて成果を出していくことです。

● RAGの実装方法

　それでは、次に実際にRAGを実装する際の技術的なコツについて説明します。

○ RAG実装のコツ1：適切なチャンク化

　RAGを効果的に活用するためには、チャンクという概念をしっかり理解することが重要です。チャンクとは、大量のテキストデータを細かく分割した「塊（かたまり）」のことを指します。RAGが膨大なドキュメントやデータベースから情報を検索しやすくするために、これらのデータを一定のサイズに区切り、それぞれを独立した単位として処理します。このプロセスを「チャンク化」と呼びます。

たとえば、100ページにわたるPDFの社内マニュアルがある
とします。RAGがこのファイルを利用する際、全文を一度に処
理するのは効率的ではなく、誤った生成結果につながる可能性が
あります。そのため、この100ページのPDFを数ページごと、
あるいはセクションごとにチャンク化し、それぞれを個別のデー
タとして扱います。これにより、AIが質問に対してより関連性
の高い情報を抽出しやすくなります。ただし、チャンクが小さす
ぎると、関連する情報が分断され、全体的な文脈が失われる恐れ
があります。このバランスを調整していくことがRAGを成功さ
せるうえで重要です。どのようなチャンクが最適かを判断するの
は容易ではなく、試行錯誤を重ねながら最適なサイズを見つけて
いくことが求められます。

・RAG実装のコツ2：登録情報を精査する

　RAGを導入する際に考慮すべきもう一つの重要なポイントは、
どの情報をシステムに登録するかです。企業には様々な資料が存
在しますが、すべてを生成AIツールに登録すれば良いわけでは
ありません。業務ごとに関連する情報を選んで登録することが重
要です。たとえば、人事部門の資料は人事業務に関連するものだ
け、営業部門の資料は営業活動に関連するものだけ、といった具
合に整理して登録することで、AIが効率的に情報を検索し、的
確な回答を出せるようになります。

　また、AIに登録する資料の形式についても工夫が必要です。
図やグラフが多用されている資料は、AIにとって理解しづらい
場合があります。そのため、可能な限りテキストベースの資料を
用意し、AIが容易に処理できるようにすることが望まれます。

・RAG実装のコツ3：プロンプトはここでも大切

　プロンプトの書き方は、RAGでも非常に重要です。RAGは
「検索」と「生成」という二段階のプロセスから成り立っている

ことを説明しましたが、プロンプトエンジニアリングはその両方において必要です。

　まず、検索プロセスでのプロンプトの役割を見てみましょう。この段階では、プロンプトがAIに対してどの情報を検索すべきかを指示します。たとえば、「この商品の特長を教えて」というプロンプトは漠然としていて、AIは広範囲の情報を探し出そうとするため、的を絞った回答が得られにくくなります。これに対して、「この商品のエネルギー効率に関する特長を教えて」という具体的なプロンプトであれば、AIはエネルギー効率に関する情報だけを検索し、より精度の高い結果を提供できます。

　次に、生成プロセスにおけるプロンプトの重要性です。この段階では、AIが検索された情報をもとにテキストを生成しますが、プロンプトがAIに対してどのようなスタイルやトーンで回答をつくるべきかを指示します。たとえば、「簡潔に説明して」というプロンプトを追加することで、AIは要点をまとめた短い回答を生成します。また、「専門用語を使わずに説明して」という指示を加えると、AIは技術的な知識がない人でも理解しやすいように回答を調整します。

　なお、生成AIツールには「システムプロンプト」と呼ばれる管理者があらかじめ設定する指示も存在します。システムプロンプトは、AIの全体的な振る舞いや回答の方針を決定づけるものであり、ユーザーが個別に入力するプロンプトとは異なります。たとえば、システムプロンプトで「簡潔で明確な言葉を使う」と設定されていれば、ユーザープロンプトがどのような内容であれ、AIはその指示に従い、簡潔でわかりやすい回答を生成します。このシステムプロンプトは、AIが常に一定の品質を保ちながら、多様なリクエストに応えるためのベースを提供します。この2つのプロンプトが互いに補完し合うことで、生成AIはより精密で目的に合った情報を生成し、ビジネスの現場で真に価値あるツールとして機能するのです。

● 法人向け生成AIサービスの要点

　法人向け生成AIサービスを選定するにあたり、重要なポイントは以下の4点です。とくに企業の大切な資産やお客様、従業員を守るためにも、堅牢なセキュリティ対策が取られていることが最重要です。現在は、国内企業から様々な生成AIサービスが登場していますので、ぜひ自社に合ったものを選択し、第一歩を踏み出してください。

　　セキュリティ対策が取られていること（最重要）
　　初心者でも高度な生成AI活用が可能であること
　　初期投資が少なく低コストでスタートできること
　　各種サポートが充実していること

　以下では私が実際に使用したなかで、中堅・中小企業にもお勧めできるサービスとして、「exaBase 生成AI」をご紹介します。こちらは、株式会社エクサウィザーズのグループ会社である株式会社 Exa Enterprise AI が提供する法人向け生成AIサービスです。プロンプティングでの業務改善はもちろんのこと、RAGを用いて簡単にAIアシスタントを構築することも可能です。また、このサービスはデロイト トーマツ ミック経済研究所の調査によると、2023年度の法人向け生成AIプロダクトライセンス市場のシェア1位となっています。

　なお、本書で説明する内容や具体的な数値は2024年10月時点の情報です。詳しくは公式ホームページを参照し、資料請求やトライアル申込フォームからお問い合わせください。

● exaBase 生成AIの概要

　exaBase 生成AIは、導入社数550社以上、利用者5万ユーザーを超える国内トップクラスの生成AIツールです。業種・業態を問わず多数の導入実績があり、企業規模に関しても大企業から中

堅・中小企業まで様々です。さらに、民間企業だけでなく、自治体での生成AI活用や教育分野におけるAIリテラシー向上などの用途でも採用されています。

使い方は非常に簡単です。サービスサイトにアクセスし、画面上のテキストボックスにプロンプトを書いて送信ボタンを押すだけ。後はアプリケーションが社内情報を参照したり、安全な通信で大規模言語モデルにテキスト生成のリクエストを投げたり、生成AI利用に関する内部処理が自動的に行なわれます。また、クリック操作で社内資料を登録し、RAGを実装することも可能です。

さらに、最近では業種特化型のサービスも登場しています。たとえば、小売業などに特化した「exaBase 生成AI for 店舗」が2024年9月にリリースされました。こちらはマニュアルの内容確認、クレームへの対応、外国人のお客様への多言語対応など、業務効率の改善、顧客満足度の向上など店舗業務の改善に直結する具体的なプロンプトを提供する機能を揃えています。

もちろん、他にも法人向け生成AIサービスはありますので、それらのサービスを選定する際に考慮すべきポイントについて、exaBase 生成AIに実装されている機能と比較しながら解説します。

● セキュリティ対策がとられている

まず、「生成AIを利用してみたいけど情報流出が心配」という声を頻繁に耳にしますが、その認識は正しいといえます。海外では機密情報を学習に使われてしまい、情報が流出してしまう事件が発生しました。この点について、exaBase 生成AIに備わっている重要な機能を3つ取り上げますので、他のサービスを選定する際にも、こうした機能が正しく搭載されているかどうかを確認しましょう。

○ 学習データとしての利用阻止機能

会話データが大規模言語モデルの学習に使われないように標準

設定されています。そのため、入力した情報が外部に漏洩するリスクを回避することができます。

・禁止ワード登録・機密情報ブロック機能

顧客名やプロジェクトの機密情報にあたる単語など、事前に任意の言葉を「禁止ワード」として登録することで、チャット上で使用することができなくなります。また、個人情報やクレジットカードなどの情報を自動でブロックする機能も備えています。

・ユーザーログ蓄積・確認機能

利用ログが自社専用の領域に蓄積されます。そのため、管理者は「誰が」「いつ」「どんな内容で使ったか」を確認することができます。

● 初心者でも高度な利用が可能

初心者でもすぐに使い始めることができ、かつ、効果を実感できるような機能は重要です。生成AIの魅力を最短距離で体感できるようなツールを選定しましょう。

・プロンプトの共有機能

exaBase 生成AIには、初心者でも適切なプロンプトが書ける親切な補助機能が搭載されています。典型的な利用形態に合わせて、プロンプトのテンプレートが用意されており、必要な部分を埋めるだけで誰でも簡単に利用可能です。AI専門家が作成したプロンプトをそのまま利用できることに加えて、自社独自のテンプレートを利用者全員でつくり込むこともできます。社内ナレッジ共有や初学者のスキルアップにも貢献します。

・簡単にRAGを実装できる機能

exaBase 生成AIでは、クリック操作で社内資料をアップロード

すればRAGをすぐに利用できます。前段で説明したRAG実装の
ポイントを守って正しく構築すれば、有能なAIアシスタントを
つくることが可能です。そして、法人利用には嬉しい機能もつい
ています。アップロードしたファイルはフォルダごとに権限分け
が可能なため、部署ごとに情報管理が必要な場合でも適切にアク
セス権を設定することができます。

● 初期投資が少なく低コストでスタートできる

　法人向け生成AIサービスを利用する際の大前提として、ボリ
ュームディスカウントがなくても利用料が安価であることが中
堅・中小企業にとって重要なポイントになります。

　また、初期導入費用に加えて、最新モデルの利用は一般的に従
量課金制であるため、ランニングコストをコントロールする仕組
みが必要となります。初期導入費用とユーザーライセンス費用は
契約時に確認しますが、従量課金分を忘れがちです。この点もし
っかりと考慮しながらサービスを選択しましょう。なお、以下に
記載した費用については2024年10月時点の参考価格です。詳し
くはホームページからお問い合わせください。

◦ 初期費用及びランニング費用が安価

　exaBase 生成AIの価格設定は、初期導入費用が10万円、月間
のライセンス料が900円／ユーザー（50名以上利用）とリーズナブ
ルです。また、SaaSでの利用となるため、自社で準備する資材
はパソコンとインターネット接続のみです。すなわち、すぐに始
めることができ、「試しに使ってみる」という戦略を気軽に取る
ことができます。

◦ 利用モニタリングと利用料の上限設定

　ユーザー単位で利用状況をモニタリングすることができるため、
利用していないユーザーを削除して無駄なコストを抑制すること

ができます。また、従量課金分の上限を設定することができますので、想定外の利用料増大を防止することが可能です。

● 各種サポートが充実している

　最後に、エクサウィザーズ社は通常のサポート体制が充実していることに加えて、有償の伴走型支援プログラムも提供しています。生成AIに対する基礎的な理解の促進から、日常業務への落とし込みまで様々なプランを用意してユーザーの成功を後押ししています。

　また、これはどのソフトウェアにも共通するのですが、利用者が多ければ多いほど、それだけ具体的なユースケースも蓄積されていきます。AI未経験者にとっては提供元のサポートはもちろん、具体的な事例や悩みを相談できるユーザーコミュニティへの参加が大きな助けになることがあります。自分だけで解決するのではなく、適切なサービスを選び、そして周囲のサポートを頼りながら第一歩を踏み出しましょう。

SECTION 3

AIトランスフォーメーション への道「データ駆動型」

✦ DX のなかでの位置づけは？

● DX は 3 つのステップで進められる

「データ駆動型」は、すべての企業に取り組んでほしい AI の活用法です。これは第 3 章で触れた「予測・分析 AI」の実践に該当します。実は、このアプローチは DX 推進と深い関係性があります。基盤モデルの活用と異なり、自社でデータを収集するところから始まります。すなわち、DX を進めるためのプロセスである、デジタイゼーション、デジタライゼーション、デジタルトランスフォーメーションという 3 つのステップのうち、とくにデータをつくり出す前半 2 つが非常に重要となります。

AX（AI トランスフォーメーション）を円滑に進めるためには、まず DX プロセス全体を俯瞰し、その流れを理解することが不可欠です。この土台をしっかりと整えたうえで、具体的な AI 予測モデルの作成に移行していきましょう。

一般的に DX は 3 つのステップにより構成されます。ステップ 1 は、「デジタイゼーション」というアナログからデジタルへの変換です。次のステップ 2 は、「デジタライゼーション」です。デジタイゼーションと名前が似ていますが、このプロセスは、ステップ 1 で行なったデータ変換をワークフローに沿って一連の流れとして扱っていきます。最後のステップ 3 がデジタルトランスフォーメーションです。ステップ 1、2 で整理したデータをもとに、AI・機械学習などの最新技術を用いることにより、ビジネ

スの展開方法を刷新したり、新たなプロダクトを開発したりします。

● デジタイゼーション

デジタイゼーションはデジタル変革の第一歩です。紙や写真などの物理的な情報をデジタル形式に変換するプロセスを指します。端的にいうと、「ペーパーワークを極力少なくし、電子データ化して取り扱う」というのがこのステップのゴールです。初歩的なステップのように思えますが、このデジタイゼーションの効果は計り知れません。

デジタイゼーションが進むと、情報の管理が飛躍的に効率化されます。デジタル化されたデータは、瞬時に共有、保存、検索が可能となり、必要な書類を素早く探し出すことができます。また、遠隔地からでも全社員が同時にアクセスできるため、パンデミック対策や災害時の緊急対応策にも大きく貢献します。さらに、デジタル化によって書類の保管スペースや倉庫のコストが削減され、オフィス環境の整理整頓にもつながります。とくに重要なのは、紙媒体では劣化してしまう情報を、デジタルデータとして長期間そのままの状態で保存できる点です。適切なバックアップを取ることで、情報の劣化や紛失のリスクも大幅に低減できます。

こうしたメリットを考えれば、デジタイゼーションにはほとんど欠点が見当たらず、積極的に推進する価値があります。もちろん、すべての環境で最初からスムーズにデジタル化が進むわけではありません。高齢者が多いサービスでは紙の使用が避けられない場合や、手書きが便利なケースもあります。たとえば、医療現場では、手書きの診断書や問診票をもとに、手作業でデータ化することが一般的です。

ここで役立つのが、AI-OCR（Optical Character Recognition）技術です。AI-OCRは、大量の紙ベースの資料を効率的にデジタル化するための強力なツールです。少ない量の読み取りであれば、生成AI

を利用して、画像からテキストデータを抽出することも可能です。プロンプトを工夫すれば、そのデータをエクセル形式で出力することもできます。昨今はデータを準備したり、整理したりする用途でも生成AIは大活躍しています。

● デジタライゼーション

　デジタライゼーションとは、ビジネスの各プロセスをデジタル技術で効率化し、自動化する取り組みです。これにより、たんに紙の情報をデジタルに変えるだけでなく、業務全体をシームレスにつなげることが可能になります。このプロセスは、企業がデジタル化を進めるための重要なステップであり、デジタルトランスフォーメーションへの橋渡しとなります。

　たとえば、紙で管理していた発注書や納品書を電子データ化（デジタイゼーション）した後、それらのデータを一元管理したり、あるいはバーコードやRFIDタグ（無線通信で情報をやり取りする小型チップ）を使って自動化したりすれば、リアルタイムで在庫状況を把握でき、需要の変動にも素早く対応できるようになります。

　こうしたデジタライゼーションのメリットはたくさんありますが、とくに重要なのは業務プロセスが見える化されることです。デジタル化したものを一連の流れとして管理することにより、業務の流れや手順が明確になり、作業の無駄や遅れが発見しやすくなります。また、複数の拠点に分散していたデータをクラウドで一元管理することで、どこからでもリアルタイムに情報共有でき、コミュニケーションコストも削減されます。

● デジタルトランスフォーメーション

　デジタルトランスフォーメーションは、デジタル技術を活用してビジネスや社会の様々な側面を変革し、価値を創出するプロセスを指します。デジタライゼーションで整理したデータを活用し、AIや機械学習などの最新技術を駆使して、新たなビジネスモデ

ルを構築したり、革新的なプロダクトを開発したりします。たんなる技術の導入にとどまらず、ビジネス全体の戦略や文化を変えるための重要な取り組みです。それでは次に、このデジタルトランスフォーメーションの中心地になったAI予測分析について見ていきましょう。

✦DXの中心地──AI予測分析

● AI予測分析には4つのタイプがある

　AI予測分析とは、過去のデータに基づいて将来の結果を予測する機械学習技術です。ビジネスの現場で未来を見通し、先読みできるこの手法は、競争優位を築くための最強の武器になり得ます。予測分析の種類は全部で4つあります（図表5-3）。

図表5-3 ｜ AI予測分析における4つの種類

二値分類	多値分類	数値予測	時系列予測
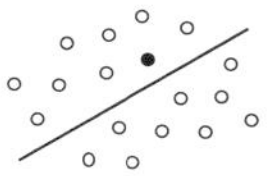	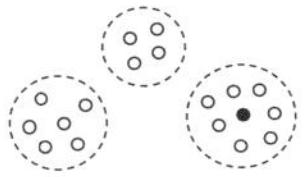	123.45…?	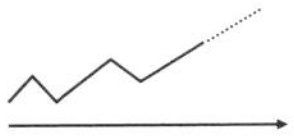
2つのどちらに なるのか 予測したいとき	3つ以上の 中のどれに 当てはまるのか 予測したいとき	数値を 予測したいとき	時間経過に伴い 変化する数値を 予測したいとき

「二値分類」「多値分類」「数値予測」、そして「時系列予測」ですが、以下ではそれぞれの概要と具体的な利用シーンについて説明します。

◦二値分類

二値分類は、最もシンプルかつ強力な予測手法の一つです。簡単にいえば、データを2つのクラス、「はい」と「いいえ」のような二択に分類し、特定の項目がどちらに属するかを予測します。たとえば、顧客が製品を購入するかどうか、サービスを解約するか継続するか、機械が故障するか正常に動作するか、こういった二者択一の問題に最適です。

また、二値分類のもう一つの有効な特徴は、たんに分類結果を出すだけでなく、それぞれのクラスに属する確率も予測できる点です。顧客が商品を購入する確率が80％、解約する確率が30％

図表5-4 | 二値分類が利用されるビジネス課題と活用例

ビジネス課題	活用例
マーケティング施策の効率を高めたい	顧客データからサービスを使用してくれるか否か（コンバージョン率）を予測し、確率の高い顧客に対して、DM・電話・クーポン配布などのマーケティング施策を優先的に講じます。
対面営業の成約率を高めたい	過去の成約および契約不成立データから、顧客一人ひとりに対して成約のしやすさ（成約確率）を予測します。確率の高い順に訪問することで全体的な成約率の向上を目指します。
定額制サービスの退会を削減したい	行動データから退会しそうな顧客を予測し、退会確率の高い顧客に対して不満や心配事のヒアリングなどのフォローを行なうことで、サービス継続率の向上を目指します。
機器の故障を未然に防止したい	機器の状態データから、機器一つ一つに対して将来の故障確率を予測し、故障しそうな機器から優先的に点検することで修理・交換に係る費用と工数の削減を目指します。

といった形で予測値を得られます。この確率情報は、より高度な意思決定を可能にします。たとえば、購入確率の高い顧客に絞って販促キャンペーンを実施したり、解約確率の高い顧客に特別なサービスを提供して解約を防止したりすることができます。

具体的なビジネス課題と活用例は**図表5-4**のとおりです。二値分類は、マーケティングをはじめ、対面営業、生産管理、人事、査定・審査など様々な業務に応用されています。

。多値分類

多値分類は、データを3つ以上のクラスに分類し、それぞれのクラスに属する確率を算出します。たとえば、顧客レビューを「ポジティブ」「ネガティブ」「中立」に分類する場合や、問い合わせを「技術的な質問」「製品に関する質問」「苦情」に分類する場合などに活用されます。また、機器の故障予測においても、「正常」「軽度の異常」「重大な異常」とカテゴライズすることで、より詳細な対応が可能となります。

多値分類は、複雑な問題を解決できる可能性がある一方で、扱うのがむずかしく、精度を出しにくいという側面を持っています。クラス数が増えるほどモデルの学習がむずかしくなり、精度が低下しやすい傾向があります。また、各クラスのデータ数が偏っていると、モデルが特定のクラスに偏った予測をしてしまうため、思うような精度が出ない場合があります。たとえば、数十クラスの分類のなかで上位3クラスの出現率が9割を超える場合などは、モデルは偏った学習をしてしまい、うまくいきません。

一般的には、まずは二値分類で問題解決を試み、うまくいかない場合に多値分類を検討する流れが良いでしょう。多値分類を適用する際には、データの特性や問題の性質を十分に理解し、クラス数やデータの偏りなど、適切な対策を講じることが必要です。

具体的なビジネス課題と活用例は次ﾍﾟ**図表5-5**のとおりです。

図表5-5 多値分類が利用されるビジネス課題と活用例

ビジネス課題	活用例
顧客からの声を素早く分類したい	コールセンターへの苦情やインターネット上のレビューなどを集積し、自動的にカテゴライズすることで、全体像の把握および施策実行の優先順位づけの高速化を目指します。
故障情報の分類を平準化したい	過去の分類データをもとに予測モデルを作成し、新たに集積された故障情報に対して自動振り分けを実行。これにより、情報整理の高速化と担当者ごとの基準のバラツキを防止します。
店舗スタッフの配置を効率化したい	来店客数の大まかな状況を把握するために、過去データを「閑散」「通常」「繁忙」「超繁忙」といったカテゴリに分類し、予測モデルをつくることでスタッフ配置の最適化を目指します。

◦ **数値予測**

　数値予測は、ビジネスの現場で最も広く使われる予測手法の一つです。特定の要因と予測対象との関係性を分析し、将来の数値を予測します。たとえば、次のキャンペーンでどれくらいの売上が見込めるか、ある商品の価格がどの程度であれば成約に至るか、または顧客が次に購入するタイミングはいつか、といった予測が可能です。

　具体的なビジネス課題と活用例は**図表5-6**のとおりです。数値予測は、正確な価格設定や在庫管理、新商品の開発など様々な業務に応用されています。

◦ **時系列予測**

　時系列予測は、時間の経過によるデータの変動を捉え、未来の動向を予測するための手法です。とくに、季節性やトレンドが影

図表5-6 数値予測が利用されるビジネス課題と活用例

ビジネス課題	活用例
コールセンターの放棄呼を削減したい	将来の入電数を予測することにより、最適なオペレーターの割り当て計画を策定します。放棄呼（放棄コール）によるサービス品質の低下を防止し、お客様対応の高度化を目指します。
大まかな見込み価格を予測したい	過去の実績データを用いて、不動産、自動車、部品・材料、宿泊費・チケットの販売価格など、様々な見込み価格を予測することにより、意思決定の高速化を目指します。
商品改定後の需要を把握したい	過去に市場投入したことのある類似商品の販売実績から、商品改定やリニューアル後の需要を予測し、部品調達や製品輸送の計画を策定します。
製品開発の試行錯誤を効率化したい	過去の試行錯誤のデータから、材料の混合率、パラメータ設定などに対する特性値を予測し、値が高いものから優先的に試すことによって試行錯誤の効率化を目指します。

響するデータに対して非常に有効です。たとえば、時期ごとの売上変動や、特定の時間帯における来客数の変化を予測することができます。この手法を活用すれば、出荷数や生産計画、仕入数の決定、さらにはシフトの調整まで、効率的に行なうことが可能です。

具体的なビジネス課題と活用例は次の図表5-7のとおりです。時系列予測は、在庫管理や来店予測を中心に、電力需要などの社会課題にも応用されています。

● Prediction One で始める予測分析

ここではできる限り鮮明にAI導入のイメージを持っていただくために、実際に普段私が使っているノーコードAI開発ツール「Prediction One」を用いて予測分析の全体的な流れを解説します。

「Prediction One」とは、ソニーが開発したノーコードAI予測

図表5-7 時系列予測が利用されるビジネス課題と活用例

ビジネス課題	活用例
将来の来店客数を予測したい	過去の実績データをもとに、将来の来店客数を時系列で予測し、商品や食材などの仕入れ量を最適化します。また、繁忙期を予測し、顧客対応の質の向上を図ります。
将来の出荷・販売数を予測したい	工場の製品出荷数や販売数の過去データをもとに、予測モデルを作成。予測した数量に基づいて生産計画を立てることにより、販売機会の逸失を防止します。
過剰な在庫保有と欠品をなくしたい	過去データから注文数を予測した後に、それに加えて上振れと下振れの予測も同時に行ないます。注文数の予測が外れたとしても、過剰な在庫および欠品をなくすことができます。

分析ツールです。プログラミングの知識がなくても簡単に高度な予測分析が実装できる優れものであり、業種・業態、企業規模を問わず、どのような会社でも利用できます。既に申し込み数が3万社を超えており、事例もたくさん集まっています。

　なお、本書で説明する内容や具体的な数値は2024年10月時点の情報です。詳しくは公式ホームページを参照し、資料請求やトライアル申込フォームからお問い合わせください。

　さて、一般的な予測分析の大まかな流れは**図表5-8**のようになります。AI専門家以外のビジネスパーソンにとって一番障壁になるのが、「データの前処理」「アルゴリズム選択」「学習」という予測モデル作成の中心的な工程です。とくにデータ前処理に関しては、骨の折れる作業となります。私たちエンジニアにとって最も時間と労力を要する部分の一つであり、「AI開発の8割は前処理」と言われることもあるぐらいです。

図5-8 │ AI予測モデル構築の大まかなフロー

フェーズ	工程	概要
企画・準備	課題設定	ビジネス課題を明確にし、予測したい目標（目的変数）を設定する
	データ収集	課題解決に役立つデータを収集し、必要な形式に整理する
	データ可視化	データをグラフなどで可視化し、データの傾向や特徴を把握する
難しい…モデル作成	データ前処理	AIが理解できるように、データをクリーニングし、必要な変換を行なう
	アルゴリズム選択	課題やデータの特徴に合わせて、最適なAIアルゴリズムを選ぶ
	学習	訓練データを使ってAIモデルに学習させ、予測能力を向上させる
評価と改善	評価	テストデータを使ってモデルの予測精度などを評価する
	改善	評価結果に基づき、特徴量などを調整し、精度の向上を目指す

　データ前処理の一例を見てみましょう。次の内容を細かく理解する必要はありません。専門家とスムーズにコミュニケーションを取るための参考情報として捉えていただければ幸いです。

　まず、AIのアルゴリズムは数値データしか理解できません。そのため、データ内にある文字列やカテゴリデータは、数値に変換する必要があります。たとえば、次の図表5-9のデータにある「業種」「地域」などはカテゴリデータなので、機械が理解しやすいように0と1で表記してあげることが必要となります。これを「One-Hotエンコーディング」と呼びます。

　ほかにも、データのなかには、空欄や未入力の情報が存在することがあります。これらを放置すると、AIモデルが混乱し、正確な予測ができなくなってしまいますので、データ自体を削除したり、平均値、中央値、最頻値で置き換えたりします。これを「欠損値処理」と呼びます。

図表5-9 │ One-Hotエンコーディングの例

生データ

ID	業種	地域
1	製造業	東京都
2	小売業	大阪府
3	サービス業	千葉県

機械学習用に前処理

ID	製造業	小売業	サービス業	東京都	大阪府	千葉県
1	1	0	0	1	0	0
2	0	1	0	0	1	0
3	0	0	1	0	0	1

　また、AIモデルは、各列の値の範囲（たとえば、ある列は0から1、別の列は100から1000など）が大きく異なると、学習に悪影響を与えることがあります。これを防ぐために、私たちは「スケーリング処理」を行ないます。具体的には、標準化（各列の平均を0、標準偏差を1に調整）や正規化（すべての値を0から1の範囲に収める）といった手法を用いて列同士の足並みをそろえます。これらはあくまで一例であり、他にもたくさんの手法が存在します。

　実は、読者のみなさまはこのような面倒な作業に気を取られる必要はありません。すべてPrediction Oneが自動で処理してくれます。また、その後の「アルゴリズム選択」と「学習」も同様です。機械学習には数百種類のアルゴリズムが存在していますが、Prediction Oneでは精度が高くなるように自動的に最適なアルゴリズムを選択してくれます。少し専門的になりますが、勾配ブースティングとニューラルネットワークのアンサンブルモデルとい

うデータ分析の大会でも使われる強いエンジンを積んでいます。まるで、オートマ車のように気軽に運転できるF1カーといっても過言ではありません。

つまり、この一連のフローの中で最も専門的で、深い知識が必要な部分はPrediction Oneにすべて任せても大丈夫です。ノーコードAI開発ツールを味方にすることで、ビジネス課題の解決に集中できる環境が整います。現在、様々なツールが登場しており、それぞれのツールで対応可能な工程や操作の難易度は異なりますが、大きな流れは同じです。ぜひ本書を参考に、自社にとって最適なツールを選択し、第一歩を踏み出してください。それでは次に、各工程について詳しく見ていきましょう。

✦ AI予測分析のケーススタディ

● マーケティングのターゲットを抽出したい…

これから具体的なケーススタディを行ないながら各プロセスの詳細に踏み込んでいきます。本書では最もわかりやすい二値分類を用いて課題解決を試みます。数値予測等でも大まかな流れは同じです。

予測モデルをつくるためには、データを収集するところから開始します。基盤モデル活用型のようにすぐに使い始めることはできません。ですから、最初に「何を予測して、何を解決したいのか？」を明確にすることが大切です。この課題設定が曖昧だと、適切なデータ収集や評価がむずかしくなります。

前述したとおり、データを使って予測するといってもその応用範囲は驚くほど広大です。「将来の数値や発生確率が事前にわかったら嬉しい」と思う業務があればすべて対象といえるでしょう。一つでもピンとくるものがありましたら、ぜひチャレンジしてください。

なお、Prediction One公式サイトには「AI事例ナビ」というコンテンツがあり、実際にビジネスで使える有益な予測分析のケーススタディが掲載されています（Prediction One AI事例ナビ、https://predictionone.sony.biz/ainav/）。

それでは、以降から具体的なストーリーを設定して各工程のタスクを深掘りしていきましょう。

あなたは、とある会社の通信販売部門の営業・マーケティング責任者です。ダイレクトメールやアウトバウンドコールといったマーケティング施策を日々行なっていますが、全顧客を対象にするのは非現実的です。そこで、ターゲティングの出番です。

しかし、これまでのターゲティングは、年齢層や居住地といった単純な条件をもとに、担当者の経験と勘に頼る部分が大きく、効果は担当者によってバラバラで、まるでサイコロを振るような状態でした。

今回は、満を持して新しいプレミアムサービスを開始しましたが、認知度がまだ十分ではなく、思うように売れていません。そこでテコ入れのため、アウトバウンドコールでサービス案内を行なうことになりました。過去の失敗を繰り返さないためにも、AI予測分析を活用し、プレミアムサービスに加入してくれそうな顧客をリストアップできないかと考えました。まずは、社内にどのようなデータが眠っているのか、洗い出しからスタートします。

● データ収集

課題を設定し終わったら、次にその設定した課題に対するデータ収集を行ないます。DXプロセスで説明したとおり、この段階で「デジタイゼーション」「デジタライゼーション」が済んでいる場合は、必要なデータがすでに蓄積されていることが多く、それらを取捨選択するだけでデータ収集工程が完了するケースもあります。ただし、データの蓄積状況や、収集難易度は企業によっ

図表5-10 ｜ 学習用データ例（目的変数と説明変数）

	目的変数	説明変数（特徴量）						
顧客ID	プレミアムサービス	入会時期	年齢	性別	顧客ランク	過去購入額	クーポン利用回数	メアド登録
ID00001	購入なし	2019/5/10	28	未選択	シルバー	13,440円		あり
ID00002	購入なし	2017/1/14	43	未選択	ゴールド	9,600円		あり
ID00003	購入あり	2017/9/4	44	男性	ゴールド	19,200円		あり
ID00004	購入なし	2018/10/15	33	女性	ゴールド	4,800円	1	あり
ID00005	購入なし	2018/1/4	36	男性	ブロンズ	9,600円		なし
…	…	…	…	…	…	…	…	…

て異なりますので、あまり時間をかけずに足元で取得できるデータから始めてみましょう。

　さて、責任者に相談したところ、この会社では、**図表5-10**のようなデータが取得できることがわかりました。AI予測分析に用いられるのはこのような表形式のテーブルデータです。

　顧客ID列のすぐ右にあるのが今回予測したい「プレミアムサービスの購入あり・なし」です。これを「目的変数」と呼びます。教師あり学習に用いられる正解データのラベルとなります。

　そして、入会時期からメアド登録までの列は、予測したい項目の結果を左右する「説明変数」と呼ばれるデータです。とくにAI予測モデル作成では「特徴量」という呼び方をします。このように予測したい項目と、その結果に寄与する説明変数（特徴量）を表形式で並べていきます。過去データを積み重ねていくことで、高精度な予測モデルを作成することができます。

この際、どのような説明変数（特徴量）を最初に採用するか、まずは仮説ベースで考えます。このプロセスで力を発揮するのはエンジニアではなく、実務担当者です。いままでの業務経験から、関係がありそうな説明変数に当たりをつけていき、そのデータが取得できるかどうか確認し、このようにテーブルデータ化します。

たまに、「ウチには大量にデータないけど大丈夫？」と言われることがあります。昨今の生成AI関連の報道の影響もあり、AIには膨大なデータが必要だと思っている方も少なくないようです。もちろんデータがあるに越したことはないのですが、実は、このAI予測モデル構築においては、少ないデータでも有益なモデルをつくれたケースが数多くあります。実際に、数百レコード（数百行）の学習データで実用化された予測モデルも存在します。重要なのは、データの「質」です。あまり最初から量にこだわる必要はありません。たとえデータ量が少なくても、予測したい項目と密接に関係する特徴量を適切に選べば、十分に実用的な予測モデルを構築できる可能性があります。

● データ可視化

データの収集が完了したら、次はそのデータを「見える化」してみましょう。現場では、データを視覚的に表現することで、隠れていたデータの背景が浮かび上がってくることもあります。

たとえば、顧客ランクと過去購入額の関係をグラフ化すると、ゴールドランクの顧客ほど購入額が高いという当然の結果が示されたとします。しかし、ここで「クーポン利用回数」というデータを色分けして重ねてみると、クーポンを頻繁に利用しているゴールドランクの顧客のなかに、過去購入額が低いグループが存在するということがわかりました。さらに深掘りしてみると、このグループは、比較的最近サービスに入会した顧客が多いことがわかりました。ここから、彼らは、クーポンを利用して様々な商品を試している段階であり、まだ高額な商品を購入するまでには至

っていないのかもしれない、という仮説が生まれました。

　このように、異なるデータを組み合わせることで、隠れた真実を解き明かすことができます。それにより、比較的最近サービスに入会した顧客に対しては、お勧めの商品を紹介するパーソナライズドメールを送るという新たなマーケティング戦略が思いつくかもしれません。

　これらのプロセスはEDA（Exploratory Data Analysis：探索的データ分析）と呼ばれます。EDAとは、データを様々な角度から分析し、その構造や関係性、潜在的な問題点を探る手法です。EDAを行なうことで、データのなかに潜む重要な情報を見つけ出し、予測モデルの精度を高めるための洞察を得ることができます。また、異常値などを見つけ出して、データの取得方法を再検討することも可能です。

　業務によっては、これらのデータ可視化をBI（Business Intelligence）ツールでシステム化し、日々の意思決定に役立てることができます。BIツールとは、企業内の様々なデータを集約し、視覚的なレポートやダッシュボードとして提供することで、経営層や担当者が迅速かつ正確に意思決定を行なうためのツールです。予測モデルを作成する前にデータを可視化するだけでも、業務改善のヒントを得られる場合があります。

　たとえば、MicrosoftのPower BIであれば、Microsoft 365を通じて手軽に利用でき、ドラッグ＆ドロップで美しいグラフやレポートを作成できます。リアルタイムでデータを更新し、社内で共有することも可能です。また、世界的にも有名なTableauというツールを使えば、より高度でインタラクティブなダッシュボードを構築することが可能です。

● 予測モデル作成

　いよいよ、予測モデルの作成です。先ほどのテーブルデータをPrediction Oneに入力してみます。やり方はとても簡単です。

図表5-11 ｜ 予測したい項目を選択

出所：Prediction One 予測モデル作成画面より抜粋

Prediction Oneの画面上にデータファイルをマウスでドラッグ＆ドロップすれば、自動的にそのデータの中身を分析し、表示してくれます（**図表5-11**）。そこから予測したい項目（目的変数）と利用したい項目（説明変数）の列を指定するだけです。

本来であれば、ここでデータスプリットという作業が発生します。収集したデータを「訓練データ」と「テストデータ」の2つに分割し、実際の学習は訓練データのほうだけで行ないます。

せっかく収集したデータなのに、なぜすべてを学習に使わないのでしょうか？　それは、AIモデルが「カンニング」をしてしまうのを防ぐためです。モデルが学習中にすべてのデータを見てしまうと、テストのときにも完璧な答えを出せますが、それはたんなる丸暗記で、新しい状況に対応できる能力を身につけたとはいえません。

そこで、大部分のデータを「訓練データ」としてモデルに学習させ、残りを「テストデータ」として取っておきます。学習後、モデルにテストデータを与え、見たことのないデータに対してどれだけ正確に予測できるかを評価します。これにより、モデルが

本当に新しい状況にも対応できる能力を身につけているかを確認できます。問題集を勉強用と確認テスト用に分けるようなイメージです。一般的には7：3や8：2の割合でデータを分割します。重要なのは、テストデータがモデルにとって未知のものであるようにすることです。

　Prediction Oneでは、このデータスプリットも自動的に行なってくれますので、ユーザーはとくに意識する必要はありません。

　ただし、データが少ない場合や、時系列のデータを使う場合は少し工夫が必要です。少し専門的になりますが、限られたデータからモデルの性能を最大限に引き出すために、交差検証（クロスバリデーション）という手法が有効です。交差検証では、データをいくつかのグループに分け、それぞれのグループを順番にテストデータとして使い、残りを訓練データとしてモデルを学習させます。これにより、すべてのデータが一度はテストデータとして使われるため、モデルをより正確に評価できます。また、時系列データの場合は、未来のデータを使って過去のデータを予測するような事態にならないよう、時間の流れに沿ってデータを分割する必要があります。Prediction Oneには、クリックのみでこれらを設定できる機能も備わっていますので、慣れてきた際にはこのようなことも考慮しながら予測モデルをつくってみてください。

● 予測モデル評価

　次に作成した予測モデルの精度を様々な角度から評価していきます。利用者にとっては最も重要なプロセスといっても過言ではありません。分類タスクと数値タスクでは評価の方法が異なりますが、ここは二値分類の評価ポイントについて見ていきましょう。

○ Step1：AUCを見る

　Prediction Oneでは予測モデルの実力を測る通信簿として、AUCという点数を利用しています。AUCの細かい計算方法につ

図表5-12　予測精度レベルの表示

出所：Prediction One 評価画面より抜粋

いては説明を省略します。ざっくり総合的な精度を表す指標とご理解ください。AUCは、0から1までの数字で表され、1に近いほど優秀なモデルということになります。なぜAUCを使うかというと、いくつか理由があります。まず、1に近いほど良い、0.5（50％）程度だと参考にならない、というシンプルなルールなので、専門家でなくても理解しやすい特徴があります。また、データに偏りがあってもそれに騙されずにモデルの実力を正確に計測できるという利点もあります。

　おおよその目安としては、AUCが75％以上の予測モデルが作成できれば、比較的高い精度で業務利用が可能と考えても大丈夫です。Prediction Oneでは予測精度レベルを星マークで表していますが、星4つ以上であれば十分に業務に活用できるレベルといって良いでしょう。今回作成したモデルは、83.07％のため、十分に精度が確保できていると言えます（**図表5-12**）。

図表 5-13 | 混同行列から評価値を計算

・混同行列

実際の値

予測		購入あり	購入なし
	購入あり	60人	34人
	購入なし	19人	167人
	合計 280人	79人	201人

・評価値

正解率（Accuracy）	81.07%
適合率（Precision）	63.83%
再現率（Recall）	75.95%
F値（F-measure）	69.36%

出所：Prediction One 評価画面をもとに著者作成

◦ Step2：混同行列を見る

　一方で、解決したい課題によっては、AUC以外の異なる評価指標を見ることが必要になります。少しむずかしい内容になりますので、すぐに理解できなくても大丈夫です。「そういう考え方があるのか」という感じで把握いただければOKです。慣れてきたらぜひ高度な評価を目指しましょう。次の混同行列から各指標を計算します（図表5-13）。

◦ 正解率（Accuracy）

　モデルが全体としてどれくらい正確に予測できているかを表す、最も基本的な指標です。この場合、280人の顧客データのうち、「購入あり」と予測して実際に購入したのは60人、「購入なし」と予測して実際に購入しなかったのは167人です。つまり、正解率は（60 + 167）／ 280 = 81.07%となります。しかし、正解率

はデータの偏りに影響を受けやすいという弱点があります。たとえば、プレミアムサービスの購入者が全体の10％しかいない場合、常に「購入しない」と予測するだけでも90％の正解率を達成できてしまいます。

◦ **適合率**（Precision）

「購入する」と予測した人のなかで、実際に購入した人の割合を表します。これは、無駄な電話を減らしたい場合に重視する指標です。この例でいうと、「購入あり」と予測した94人中60人が実際に購入したため、適合率は60／94 = 63.83％となります。

◦ **再現率**（Recall）

実際に購入した人のなかで、モデルが「購入する」と予測できた人の割合を表します。これは、少し間違ったとしても見込み客を極力逃したくない場合に重視する指標です。この例でいうと、実際に購入した人が全部で79人、そのうち60人を予測できているので、再現率は60／79 = 75.95％となります。

◦ **F値**（F-measure）

適合率と再現率のバランスを考慮した指標です。適合率と再現率が高いほどF値も高くなります。F値が高いモデルは、無駄な電話を減らしつつ、見込み客を逃さない、バランスの取れた予測ができているといえます。ちなみに、計算方法は2つの調和平均、F1 = 2 ×（適合率×再現率）／（適合率＋再現率）となります。

これらの指標は、それぞれ異なる側面からモデルの性能を評価します。どの指標を重視するかは、ビジネスの目標によって異なります。たとえば、少ない電話で多くの購入者を獲得したい場合は、適合率を重視すべきでしょう。これは、「購入する」と予測した顧客のうち、実際に購入した割合を表すため、無駄な電話を

減らすことにつながります。一方、見込み客をなるべく広く拾い
たい場合は、再現率を重視します。再現率は、実際に購入した顧
客のうち、モデルが「購入する」と予測できた割合を表すため、
潜在顧客を見逃すリスクを減らすことができます。バランスの取
れた予測をしたい場合は、F値を参考にしましょう。F値は適合
率と再現率の調和平均であり、両方の指標をバランス良く評価し
ます。これらの指標を組み合わせて多角的に評価することで、モ
デルの得意なこと、苦手なことを理解し、さらに磨きをかけて、
ビジネスで最大限に活用していきましょう。

● 予測モデル改善

　ここからが予測モデルの精度を向上させる大事なプロセスです。
精度を高める方法はいくつかありますが、その代表的なノウハウ
についてお伝えします。

　最も重要なのは評価画面にも表示される「寄与度」を見ること
です（次ページ図表5-14）。寄与度とは、それぞれの説明変数（年齢、
性別、顧客ランクなど）が、モデルの予測にどれだけ影響を与えてい
るかを示す指標です。影響が大きい説明変数は、「モデルが予測
を行なう際に重要視している情報」ということになります。

　たとえば、「顧客ランク」の寄与度が非常に高いこのケースで
は、顧客ランクを重視して予測結果を出しているといえます。逆
に、「メアド登録」の寄与度が非常に低いため、その説明変数は
モデルの予測にほとんど影響を与えていない、つまり、予測にと
ってあまり重要ではない情報である可能性があります。この寄与
度を見ながら、モデルにとって「どの特徴量が効いているのか」
を理解します。

　大事なことは、この寄与度が実務者の感覚に合っているかどう
かです。あまりにも異なるのであればデータが間違っている可能
性があります。一方で、「あれっ、これは面白い結果かも」とい
う場面に出くわすことも多く、いままで熟練者でも気づかなかっ

図表5-14 | 説明変数（特徴量）ごとの寄与度

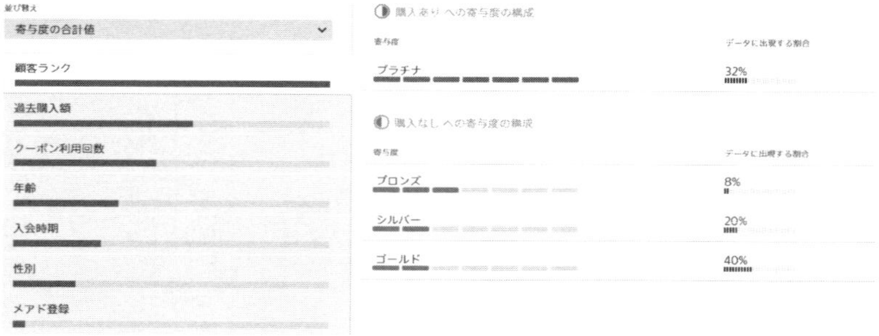

出所：Prediction One 評価画面から抜粋

た特徴に気づくことがあります。たとえば、この事例では、メアド登録からダイレクトオファーを行なうことが通例となっていましたが、これは意外と効果がなさそうですよね。このように、いままで感覚的に捉えていたものが、この寄与度を見ることによって全員の共通言語になり、データを用いた意思決定の土台になっていきます。

ここで重要な「特徴量エンジニアリング」という考え方について触れておきます。特徴量エンジニアリングとは、説明変数（特徴量）を削除して少数精鋭にしたり、新たな説明変数を加えたりして、予測モデルの精度を向上させることをいいます。この作業が実はAIモデル構築において、最も重要なタスクといっても過言ではありません。そして、このプロセスはデータサイエンティストが力を発揮することはもちろん、実務担当者の力の見せ所です。ビジネス現場に身を置いている経験から、どのようなデータが高い寄与度を出しそうか、仮説をつくることができるからです。

特徴量エンジニアリングは、3つの主要なアプローチに分けられます。

◦ 特徴量追加：新たなデータを加えてみる

　これはモデルの予測精度を高める可能性がある情報を追加するアプローチです。社外のデータを利用することもありますが、まずは社内に眠っているデータから探しましょう。たとえば、今回のケースでは、顧客の過去の購入履歴から、「特定の商品カテゴリーの購入頻度」や「平均購入単価」といった新たな特徴量を追加することができそうです。これらの特徴量が、プレミアムサービス購入の予測に役立つ可能性があります。あるいは、カスタマーサポートとのやり取り履歴から、「顧客が過去にどのような問い合わせをしていたか」といった情報を抽出し、顧客のニーズや不満を把握することで、より良いモデルをつくることができるかもしれません。

◦ 特徴量削除：いらない情報は思い切って捨てる

　これは、モデルの予測にあまり貢献しない、あるいは悪影響を与える可能性のある特徴量を削除する作業です。たとえば、今回のデータでは「メアド登録」の寄与度が非常に低かったため、この情報はモデルにとってあまり重要ではない可能性があります。このような特徴量は、モデルを複雑にするだけで、予測精度向上につながらないどころか、むしろ悪影響を与える可能性もあります。

　特徴量削除は、モデルをシンプルにし、過学習を防ぐ効果も期待できます。過学習とは、モデルが学習データに過剰に適合しすぎてしまい、新しいデータに対する予測精度が低下してしまう現象です。特徴量を適切に削除することで、モデルの汎化性能を高め、未知のデータに対しても安定した予測を可能にします。

◦ 特徴量作成：新しい変数をつくり出す

　これは、既存の特徴量を組み合わせたり、加工したりして、新しい特徴量をつくり出す作業です。たとえば、今回のデータでは

「サービス入会時期」から「顧客の利用期間」という新たな指標をつくり出すことができます。この新しい指標が、実はプレミアムサービスの購入に大きく影響しているかもしれません。また、顧客ランクのように重要度の高い変数に対しては、さらに細かく分類したり、他の変数と組み合わせたりすることで、より予測精度が高まる可能性があります。たとえば、ゴールドランクのなかでも、過去購入額が高い顧客と低い顧客を分けて分析することで、新たな発見があるかもしれません。特徴量作成は、データに新たな命を吹き込むようなものです。既存の情報だけでは見えなかった隠れたパターンや関係性を発見し、モデルの予測能力を飛躍的に向上させる可能性を秘めています。

● 実務適用

　作成した予測モデルを実務で利用してみましょう。プレミアムサービスの購入に至っていない顧客に対して、購入確率を予測します。学習用データと異なり、予測用データでは「プレミアムサービス購入あり・なし」の列は空欄のまま、説明変数（特徴量）は学習時と同じ項目を使用します（**図表5-15**）。あとは、このデータをドラッグ＆ドロップするだけで、先ほど学習した予測モデルが、各顧客の購入確率を算出してくれます。さて、これらの顧客のプレミアムサービス購入確率はどうなるでしょうか。

　予測結果は**図表5-16**のような形式で出力されます。予測結果とともに、購入あり・なしの確率が表示され、さらにその隣には予測算出の際に重要視した説明変数、つまり予測理由が記載されます。

　このように該当理由を説明することができますので、AI特有のブラックボックス化も避けることができます。たとえば、ID01003の顧客は購入ありの確率が高く出ていますが、顧客ランクがプラチナであることが、購入ありの確率を約0.22押し上げたことを表しています。実際には、購入ありの確率を上げる理

図表5-15 | 予測用データ例 （目的変数は空欄）

目的変数は空欄

予測したい顧客のデータ
（項目は学習用データと同じにする）

顧客ID	プレミアムサービス	入会時期	年齢	性別	顧客ランク	過去購入額	クーポン利用回数	メアド登録
ID01001		2011/7/22	46	女性	ゴールド	14,250円		あり
ID01002		2016/11/15	29	女性	ブロンズ	20,100円		あり
ID01003		2014/4/13	27	男性	プラチナ	25,200円	5	あり
…		…	…	…	…	…	…	…

図表5-16 | 予測結果とその理由一覧

	予測結果	予測された確率		予測理由＝重要視した説明変数の値	
顧客ID	プレミアムサービス	購入あり	購入なし	購入ありの確率を上げる1	購入ありの確率を上げる2
ID01001	購入なし	0.096432	0.903568	性別：女性：0.00964069	メアド登録：あり：0.00849998
ID01002	購入なし	0.281990	0.718010	過去購入額：20100円：0.0847111	性別：女性：0.0275159
ID01003	購入あり	0.792496	0.207504	顧客ランク：プラチナ：0.220604	過去購入額：25200円：0.136345
…	…	…	…	…	…

由が3つ、購入なしの確率を上げる理由（購入する確率を下げる理由）が3つ、それぞれ出力されますので、顧客一人ひとりに対して、何が重要視されたのか一目瞭然となります。

この結果を持って、購入確率が高い順に並べ替えてアウトバウンドコールをしていきましょう。

アウトバウンドコールを実施するなかで、顧客の反応や実際の購入状況といった新たなデータが蓄積されていきます。これらのデータを活用してモデルに再学習させることで、予測精度はさらに向上し、より効果的なターゲティングが可能になります。

AIによる予測分析は、一度モデルをつくれば終わりではありません。むしろ、ここからがスタートです。ビジネスの変化や顧客の行動の変化に合わせて、モデルを継続的に改善していくことで、真のビジネス成長へとつながる好循環を生み出すことができるのです。

最後に、Prediction Oneの特筆すべき特長について補足します。一般的に、AI開発はクラウド上で行なわれることが多く、そのためにデータのアップロードに制約が生じ、情報管理の観点から社内の機密情報を使うことに躊躇するケースがあります。しかし、Prediction Oneはクラウド版に加えて、デスクトップ版も提供されており、PCにインストールしてローカル環境（お手持ちのパソコンのみ）で使用することが可能です。機密性の高いデータも安心して予測分析に活用できます。

COLUMN
余白時間が創造性を育む

　私はマルチタスクが苦手で、スケジュールがぎっしり埋まっていると、創造性が限りなくゼロに近づいてしまいます。泥酔しているのかと疑うほどポンコツ化してしまうのです。「忙しい」という漢字は、「心を亡くす」と書きますが、まさにそのとおりで、心ここに在らず状態になってしまいます。良い思考を育むためには、余白時間が大切なのではないかと私は思います。自分自身を振り返ってみると、人生のターニングポイントになるような満足のいく仕事の前には、必ずといっていいほどちょっと暇な時期が存在していました。余裕時間を利用してあれこれ考えているときが最も生産的なのです。

　2000年代、インターネットが瞬く間に市民権を得て、企業のデジタル化が急速に進むことで、過度に無駄を削り取る文化が醸成されたような気がします。そして、IT化とともに進行したデフレ経済下では、コストカットが得意なプロ経営者がもてはやされ、無駄の排除自体が正義でした。その結果なのか、社員は昼ごはんを食べる暇もないほど隙間時間がなくなり、同時に企業の創造性が失われたように思います。

　歴史を振り返ると、心の余裕や悠久のときの流れが文化を発展させたのではないかと考えています。たとえば、ルネサンス期において、貴族や富裕層の人々は経済的な支援者（パトロン）として、芸術家や学者を庇護し、彼らが安心して創作活動や研究に打ち込める環境を提供しました。また、自身も芸術家の卵を見極めるために目利き力の向上を目指し、日々、教養を高めるために美術品や書籍などを収集して回ったそうです。余裕がある人たちの企みの集合体が文化を推し進めたとも考えられます。忙しい時期、つまり当時でいうなら戦乱期にはなかなか文化的な発展は期待できなかったのではないでしょうか。

　さて、話を戻しましょう。これから先のAI時代にとって重要なのは、AIに仕事を奪われるかどうかを心配することではありません。むしろ、どんどん仕事を奪ってもらい、余裕をつくってもらうほうがよっぽど将来にとって良いことだと考えています。その生まれた時間を生かし、楽しみながら思考を巡らすことにより、新たな創造性の扉を開いていくのです。そうすれば、AIには成し遂げられない素晴らしい仕事ができるようになると私は信じてい

ます。

　無駄の先にある創造性、私はその可能性に注目したいと考えています。人間の持つ創造性は余裕から生まれるのです。この話をすると、いつも『釣りバカ日誌』のハマちゃんが頭に浮かびます。彼は大いなる無駄を楽しみ、そこで価値を生み出し、創造性溢れるソリューションともいえる人間同士の関係性を見いだしていました。もし、あのドラマのなかに業務を監視するAIが登場していたら、ダントツで最低点を叩き出していただろうと思います。統計的にはわからない人間としての営みがそこには存在しており、人間が成せる仕事の本質があるのです。AI時代には、様々な業界でハマちゃんが登場し、より良い人間関係を築き、創造的なシナジーが生まれることを願っています。まあ、ハマちゃんばかりでは社会は回らないでしょうが……。

　また、創造性の話は少し厄介な側面もあることも示しておきましょう。AIがクリエイティブな領域にまで侵食してきたといわれて久しい昨今、人間の創造性とAIが紡ぎ出す創造は種類が異なると私は考えています。創造とはすでに存在するものの組み合わせだ、という説もあります。たしかに組み合わせ最適としての創造はAIのほうが得意だとは思います。しかし、人間の創るものは、生きることへの情熱や執念、あるいは生物としての溢れ出る感情がガソリンとなり、それらが爆発することにより生み出されるのではないでしょうか。まさに、「芸術は爆発だ」です。そういった感情をAIに実装することはむずかしく、たとえプログラミングしたとしても、私たち人間が持つものとは異なるはずです。人間にはまだ気づかない潜在的な能力が隠されているはずです。AIの進展がそれらを解き明かすことを密かに期待しています。

IMPLEMENTATION OF ARTIFICIAL INTELLIGENCE

第 6 章

AIの導入・活用を
成功させるために必要な
現場ナレッジ

SECTION 1

まずは種（シーズ）の 理解から始めよう

✦ シーズスタート・アプローチの進め方

● シーズベースとニーズベースの違い

「AIを活用したいが何から始めればいいかよくわからない」という相談が多く寄せられます。これは健全な危機感の表れと捉えています。よく聞いてみると、「いまAIに乗り遅れたら大変なことになるかもしれない」といった直感からくるものも少なくありません。これらは、FOMO状態と言われており、「Fear of Missing Out」の略で、「取り残されることへの恐怖」を意味します。しかし、決して焦る必要はありません。

本章では、実際に現場で実施しているボトムアップのアプローチをご紹介します。その名も、「シーズスタート・アプローチ」です（私が勝手に名付けました）。技術の種（シーズ）を理解することからスタートし、最終的にはビジネスの現場でしっかりとした花を咲かせます。企業の規模によって具体的な進め方は異なるかもしれませんが、このアプローチを参考に、ぜひ自社に合った方法を見つけてみてください。

技術をビジネスに適用する際、私たちエンジニアがよく使う2つの異なるアプローチがあります。「シーズベース・アプローチ」と「ニーズベース・アプローチ」です。

シーズベース・アプローチとは、特定の技術の種（シーズ）に注目して、それがどのように業務に活用できるか探索する方法です。たとえば、「AIを使って何ができるか考えよう」という方向性の

アプローチです。具体的な技術を先に決めて、ビジネスに当てはめていきます。

　一方、ニーズベース・アプローチとは、業務に明確なペインポイント（痛い課題）が存在し、その課題を解決するために最適なテクノロジーを探し出す、という方法です。課題を解決できるならどのような技術でも良い、という考え方です。具体的には、最初から「AIを使うぞ！」と決め打ちするのではなく、実務レベルまで課題を深掘りした後に、その課題に対して適切なテクノロジーを適用します。

　さて、この2つのアプローチを考えたとき、どちらの成功確率が高いでしょうか。経験から言えば、AIに限らず、テクノロジー導入の成功例はほぼ後者のニーズベース・アプローチです。つまり、技術ではなく「課題が先」ということです。

　しかし、決してすべてのシーズベースが悪いわけではありません。ただ、一般的な企業にとって、落とし穴に陥りやすいアプローチだということです。たとえば、競合企業がAIで業務を効率化したことを知ると、経営陣が「ウチもAIで何か検討しろ！」と発破をかけて、突発的なシーズベース・アプローチが始まってしまいます。他にもベンダーからの魅力的なプレゼンテーションを聞くと、つい自社にも取り入れたくなってしまいますよね。その気持ちはよくわかりますが、そこはグッと抑えて、課題の本質から目を逸らさないように気をつけましょう。

　一方、実はこの正攻法と思われるニーズベース・アプローチにも欠点があります。実際の業務に従事しているビジネスパーソンは、業務課題（ニーズ）はわかっていても、技術の種（シーズ）を深く知らない場合が多いのが現状です。そうすると、ペインポイントがあっても「こんなもんだよね」と最初から課題に蓋をしてしまうケースによく遭遇します。しかし、中身を深掘りしてみると簡単な技術で解決できることもあり、非常にもったいないのです。このように、ニーズベース・アプローチは理想ではあるものの、

ビジネス課題と技術をうまくマッチングできる人材がいないと正常に機能しないという欠点があります。そこで登場するのが「シーズスタート・アプローチ」です。

●3つのステップで進めていく

シーズスタート・アプローチは、課題（ニーズ）を抱えている現場の社員が、技術（シーズ）を深く理解することから始まります。そして最終的には、担当者自らがビジネス課題と技術を結びつけ、解決へと導きます。

やり方は至ってシンプルです。部署ごとに散らばっている将来有望な人材を推薦してもらい、その人に対して集中的に技術の真髄をインプットしていきます。いわゆる、ブートキャンプ的な「社内塾」の開催です。

人選に関して、最終的にはビジネスと技術の両方を理解する「二刀流人材」の育成を目指しますが、初期段階ではどちらのスキルを優先すべきかが議論になります。たとえば、有力候補が2人いるとします。一人はITに詳しいが現場でのビジネス経験が少ない社員、もう一人は、ビジネス経験は豊富ですがITに関して素人。さて、読者のみなさまならどちらを優先しますか？　もちろん、それぞれの企業の置かれている状況や本人のパーソナリティによっても異なりますが、私の経験からすると、ビジネスに詳しい人が技術の基礎を学ぶほうが実践的で効果的です。つまり、後者を優先したほうがスムーズに事が運びます。

実は、シーズスタート・アプローチの人選において、ITに詳しいかどうかはさほど重要ではありません。なぜなら、AI導入にはビジネスの知識に加えて、社内の力学ともいえる企業風土や慣習、社員の特性など、様々な事情に精通し、組織を動かしていく力が必要だからです。このような本筋を加味すると、企業のエースともいえる「次世代の経営人材」が適任といえます。将来を見据えた継続的な企業の発展を考えると、いまの時期に次世代の

図表6-1 シーズスタート・アプローチの流れ（例）

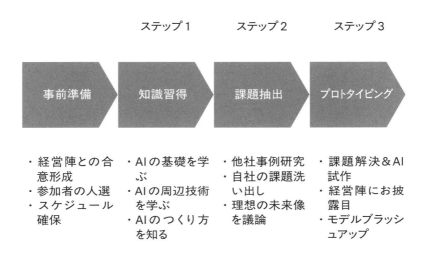

経営人材に対して本質的な技術教育を施すことは最も投資対効果の高い人材戦略かもしれません。

さて、この社内塾は図表6-1の流れで進んでいきます。通常は5名から10名程度の少人数で構成するため、議論は活発なものになります。また、IT初心者の方も含まれますので、必要に応じて社外のAI専門家にメンター役を依頼し、わからない技術要素を個別にレクチャーしてもらう等の対策を丁寧に講じていきます。とことんサポートする体制を敷いて挑みます。

シーズスタート・アプローチは先導役を務める講師の役割が重要となります。社内やグループ会社にいない場合は、社外の研修サービスなどを利用しましょう。たとえば、すでに取引のある身近なシステム会社に相談するのも良いですし、ステップ3のプロトタイピングで使用するノーコードAI開発ツールの販売元に問い合わせてみるのも一考です。最も大切なことは自社内で講師を

務めることができる人材を養成することです。最初は社外講師にお願いしてもよいですが、できれば2回目からは参加者の誰かがその役割を担えるように意識して進めましょう。そうすると、段階を重ねるごとに、アメーバのように各部署に講師が散らばり、その場所で伝道師として技術を広めることで、強力なボトムアップの人材育成システムができ上がります。講師が次の講師を産むサイクルを回すことがこのアプローチで意識すべき最優先項目といっても過言ではありません。それでは次に具体的なステップの中身について見ていきましょう。

● ステップ1：知識習得「AI導入に必要な技術を学ぶ」

　選ばれた参加者は忙しい方が多く、できる限り寄り道をせずに必要な知識をインプットしていく必要があります。そのためには、企業または特定の部署にとって必要不可欠と思われる技術要素をそれぞれカスタマイズし、受講者に合わせたプログラムを組むのがベストです。一般的には、データ分析、AI・機械学習を重点的に学んでいきますが、必要に応じてクラウドやIoT、Edgeなど周辺技術についても触れていきます。

　なお、本取り組みでは、ノーコードAI開発ツールを用いるため、実際に参加者がプログラミングを行なうことはありませんが、講義ではデータの前処理やモデルの選択などをコードベースで学習したほうがベターです。車の運転と同じで、マニュアル車の運転を理解していると、オートマ車でも坂道でのエンジンブレーキなどの操作が上手になります。その感覚に近いことがAI開発にもあります。自分でプログラムを書けなくても良いので、全体的な処理の中身を実際のコードを見ながら把握することで、より正しくAIを理解することができます。

● ステップ2：課題抽出「ケーススタディと課題洗い出し」

　次に、AI・データ分析に関する事例研究を行ないます。この

際に重要なことは、なるべく自社と異なる業界について調査することです。その結果、競合他社とは違う路線の大きな改善策が立案されることがよくあります。外部視点を養うことにもつながりますので、このステップは非常に有効に機能します。素晴らしいAI活用を行なっていることに感銘を受け、その企業のファンになった参加者もいました。

　また、同時に課題の抽出も行ないます。参加者が実務で抱えている課題を洗い出し、それを解決した後の姿として「理想形（目指すべき北極星）」を定義します。そして、その理想に近づくために、AIが手段として適当であり、かつ実行可能あればステップ3に移ります。一方で、AIを使わずに、その業務自体を見直すなど、別の手段が適当だとわかれば、所属部署に持ち帰って業務計画に落とし込みます。ここがシーズベース・アプローチとの違いであり、課題を解決できればAIを使わなくても問題ありません。最初は技術シーズを学ぶことからスタートしますが、後半に行くに従ってニーズベース・アプローチに近づいていきます。

　たとえば、実際にあったケースでは、社内の事務プロセスにAIを活用できそうな課題を見つけたのですが、詳細に検討した結果、単純な仕訳を事前に行なうことで大半の問題が解決できることがわかりました。残りの部分は従来どおりのフローで対応することで、とくに新しい技術を使うことなく、結果的には大幅な業務効率の改善が実現しました。このように、必ずしもAIやテクノロジーを使わなくても、プロセスを見直したり、不要な処理を削減したり、シンプルなアプローチで十分な成果を得られる場合もあります。何よりも課題解決に重きを置くことが成功への近道です。繰り返しますが、結果としてAIを使わなくても一向に構いません。

●ステップ3：プロトタイピング「実際にAIをつくってみる」

　参加者の多くが「最も重要」と評価するのがこのステップ3で

す。ここでは、学んだ知識を実際の業務に応用し、具体的なAI開発に取り組みます。ノーコードツールを用いて実際に開発してみると、「自分たちでAIをつくった」という大きな達成感を得ることができ、何よりも、参加者の上司からは「こんな短期間でできるのか」と驚かれることがよくあります。実際、ここで作成した試作AIが実務で活躍しているケースも少なくありません。業務知識が豊富で、現場を牽引するリーダーが開発したAIは、予想以上に大きな力を発揮するのです。

　ここで「課題解決を優先し、必ずしもAIを使わなくても良い」というコンセプトから、最終的にプロトタイピングする課題がなくなるのでは？　と心配される方もいらっしゃると思います。しかし、少なくとも私やその周りでこのプログラムを実施したなかでは、AIで解決できる課題がまったく見つからなかったということは一度もありません。たとえば、参加者が10人だとすると、それぞれ最低1個の案を持ち寄れば、その10個の案のなかから1つはAIにとって筋の良い課題が見当たります。そして、参加者がそれぞれ個人でプロトタイピングするのではなく、見つかった課題に対してグループをつくり、A班5人はこちらの課題、B班5人はこちらを、といった形で知恵を持ち寄って解決に挑みます。たとえ、1つしか課題を抽出できなかったとしても、10人の総合力で課題解決に当たりますので、最終的にはお互いに学び合う最高のグループワークとなります。

　また、ここで行なうプロトタイピングは「Quick -win（クイックウィン）」といって、なるべく簡単に解決できる課題に的を絞ることも大切です。大きな予算が必要であったり、基幹システムに変更を加える必要があったりするものは、あらためて別の枠組みでチャレンジするための計画案の作成にとどめます。早い段階で目に見える結果を出していくことで、参加者のモチベーションアップと経営陣の納得感の醸成に努めましょう。

　以上が全体の流れです。この3つのステップを進めていくなか

で、嬉しい副次的な効果も期待できます。たとえば、私の実体験では、参加者のなかからダイヤの原石ともいえる優れたAI・DX人材が発見されたことがありました。もともとデータ分析やAIに興味があった社員ですが、機械学習の基礎を学んだことで、様々な業務上の課題を解決するAIを自発的に開発するようになりました。いまでは、彼は会社の技術推進を担う重要な存在に成長し、他の社員のロールモデルになっています。さらに、参加者全員がAIを「つくる側」の視点を身につけた結果、社外のベンダーとのコミュニケーションも円滑に進むようになりました。参加者の言葉をそのまま引用すると、「料理をするようになって外食の調味料が気になり始めるような感覚」とのことです。たしかに、一度でも自分がつくり手側に回るといままでとは違う感覚でAIと向き合えるようになるのかもしれませんね。こうした思わぬ副産物にも恵まれ、この取り組みを続けてきたことの意義を改めて実感しています。

✦ 実践していくうえで大切なこと

● マネジメントの理解は必須

　ここからは私の経験をもとに、シーズスタート・アプローチを実践してきたなかで気づいた大切なことを述べたいと思います。すべて順風満帆に事が運んだわけではなく、たくさんの苦難を乗り越えながらベストな形を探ってきました。失敗も含めて読者のみなさまに役立てていただきたく、なるべく包み隠さずに具体的に述べていきます。主に先導役の観点から述べますが、参加者にとっても有効なアドバイスになると思慮いたします。

　さて、この取り組みの成功要素は、何といっても経営陣の理解にあります。プログラム実行の合意形成をする段階で必ずお願いすることは、「参加者の成長にフォーカスを当てること」です。

言い換えると、「サービスや施策のリリースを目的にしないこと」が大切です。このような取り組みに対して、実利を期待する気持ちはよくわかります。そこはグッと抑えて、人材育成に全振りしてください。

この取り組みを通じて語り合った仲間と横連携が生まれたり、実際にサービスをつくってみることでむずかしさや手ごたえを得たり、こういった経験が必ず将来に活きてきます。そして、その「気づき」を参加者が自らチーム内にフィードバックすることによって、さらなる学びにつながります。改善施策の立案をゴールにするのではなく、その人、個人の成長にコミットするという意気込みを伝えていくのです。たとえ何も新しいサービスが生まれなくても良い。その過程で気づいたことがその人材の宝物になる。そう信じて実行します。

シーズスタート・アプローチの成功例にならい、別の組織で同様の取り組みを開始したものの、残念ながら失敗に終わったケースがありました。そこで、実際に寄せられた相談内容をもとに、失敗に至るパターンについて深く掘り下げてみましょう。

ある組織では、まず人選でつまずいてしまいました。業務が非常に忙しい部署であったため、このような活動に積極的になれず、最も業務が少ない新入社員を割り当ててしまったのです。その結果、技術的な知識はある程度習得できたものの、業務経験が不足していたため、課題を抽出してテクノロジーに結びつけることができませんでした。さらに問題だったのは、その後のマネージャーの対応でした。「せっかく勉強に行かせたのだから、何か成果を持ってこい」と指示してしまったのです。さほど問題にもなっていなかった業務に対して、流行りの技術導入を検討し始めたことで、関連する部署からも反発を受けてしまいました。この取り組み自体が無意味なものと認識され、最終的にはAI導入への反発を生んだだけに終わってしまったのです。このような事態を避けるためには、マネージャーの理解と適切な人選、そしてサービ

スや施策自体を目的にしないことにこだわることが大切です。

　余談ですが、人材育成に全振りするというコンセプトで実施するこのシーズスタート・アプローチですが、いままで具体的な施策やサービスが生まれなかったことは一度もありません。忍耐強く、社員を信じることができれば、おのずと結果がついてくるものなのかもしれません。

● 大いに理想を語ろう

　課題抽出段階における大切なポイントです。事例研究を終えた後、まずグループワークを行ない、抱えている課題を自由に提案してもらいます。その後、「こうなったら理想的だ」と思う未来の姿について、参加者全員で徹底的に話し合うプロセスを設けます。この段階では、既存の枠組みにとらわれず、Out of the Box Thinking（枠を超えた発想）を積極的に行なってもらうことが重要です。きっと実務経験のあるビジネスパーソンなら、お客様へのサービスであれ、自分たちの業務プロセスであれ、思い描く理想があるはずです。極端な話、皆が驚くようなSF映画の世界でも良いと思っています。

　課題を洗い出すことは重要ですが、なぜ理想を語る必要があるのでしょうか？　それは、AI導入を進めていく過程で、実装が目前に迫ると、どうしても近視眼的な視点に陥りがちだからです。そして、落としどころを一生懸命に探してしまう瞬間が必ず訪れます。しかし、それでもブレずに自分たちの理想を持っていてほしいのです。

　これは私の失敗と、その反省から導き出したやり方です。AI技術を伝授した後、実際の事例に基づいて現実的な話をしてしまうと、他社の事例を超えるような面白いアイデアが得られることはほとんどありませんでした。当初、私はAI活用の落としどころを決め、自分の仮説をもとにアドバイスをしすぎてしまっていたのです。言い換えると、参加者の限界を私自身が設定してしま

した。

　AI技術の進展は驚くほど急速です。課題の解決方法を探っているあいだに、技術が進化し、かつては夢物語と思われていた理想が現実のものとなることもあります。実際に、プログラムを進めている最中に、生成AIが登場し、実現可能な世界がすぐに訪れたこともありました。それにもかかわらず、私は当時の技術レベルにリミットを設け、課題解決を急がせてしまったのです。

　「もう少し理想的な業務スタイルを企画できた」「最初から現実的な話に寄せすぎた」。これらは、実際に参加者から言われた言葉です。エンジニアとして、なぜ一緒に夢を語れなかったのかと、猛省しました。

　だからこそ、現在の制約にとらわれず、将来の理想像を描いてほしいのです。AI導入・活用という長い航海の途中でも迷わないように、目指すべき「北極星」を全員で考えてほしいのです。将来のテクノロジーが、あなたの描く理想をきっと実現してくれるはずですから。

　余談ですが、サグラダファミリアの建設において、建築家アントニオ・ガウディは、あえて詳細な設計図を残さなかったといわれています。彼は壮大な全体像と理想的な完成形を描いていたものの、当時の技術ではそれを形にするのはむずかしかったのです。それでもガウディは、未来における技術の進歩と人々の発想の豊かさを信じていました。理想を掲げ続け、後世にそのビジョンを伝えれば、いずれ未来の技術がその理想を実現すると信じていたのです。そしてガウディの死から約100年が経った現在、最新のテクノロジーにより、工期が大幅に短縮され、いよいよサグラダファミリアの完成が目前に迫っています。きっとガウディは、空からバルセロナの美しい街並みを見下ろし、笑顔でその光景を見守っていることでしょう。AI開発も同じようなものかもしれません。

● 解くべき課題を冷静に抽出する

理想を十分に語り尽くした後、「そのためにいま、私たちができることは何か」という観点のもと、現時点で踏み出せる第一歩、つまりいまのAI技術で解決できそうなものをピックアップしていきます。この「いま、解くべき課題」を正しく設定できるかどうかが、AI導入の成否を分ける重要なポイントです。核心を突いた課題を設定できれば、あとは前章で示したAI活用の型に沿って、検討を進めることが可能です。具体的には次の2つの事項を検討・確認します。

まず、本質的な課題かどうかを見極める際に、その課題に対して「AIを使わないで解決する方法」を探します。つまり、「AIでなければならない理由」を明確にするのです。たとえば、機械学習ではなく単純なルールベースで処理できるタスクではないか、アウトソーシングなどの代替手段はないか、そもそもその業務自体を廃止できないかなどを考えます。「せっかく学んだから」という気持ちを一度心にしまって、課題を解決することに集中するのです。私はいつもセグウェイ（電動の立ち乗り二輪車）を例に説明しています。

セグウェイは優れた技術が搭載されている画期的な乗り物ですが、観光目的など限定的な利用にとどまっているように見えます。その大きな理由の一つとして、「セグウェイでなければならない理由」がないからだと私は考えています。近場の移動であれば徒歩で十分だし、少し距離があれば自転車のほうが使い勝手が良い。さらに最近ではキックスクーターが出てきたため、不安定な二輪のセグウェイでなければならないシチュエーションは意外と見当たりません。このように、技術がしっかりと浸透するためには、それでなければ成り立たない絶対的な理由が必要であり、AI導入にも同じことがいえるのです。

次に、必要なデータが既に存在するか、もしくは集められるかを確認します。AIで解決できそうな課題があっても、データが

揃わなければ「絵に描いた餅」に終わってしまいます。また、データ収集に多大な労力がかかる場合、本末転倒です。AIの恩恵を受ける以上に、データ収集のコストがかかってしまっては意味がありません。たとえば、高精度なAIをつくれることがわかっていても、古いシステムからデータを抽出し、加工しなければならない場合などは、AIによる業務改善効果と工数が釣り合わないことがあります。実際に私もそのようなケースに遭遇しましたが、その場合は無理にAIを導入せず、企画自体は残しつつも、古いシステムの改修とともに再検討を行なうことにとどめました。

　なお、生成AIをプロンプティングだけで使う場合は既存のデータは必要ありませんので、すぐにでもトライアルが可能となります。最近では、LLM（大規模言語モデル）の性能が著しく向上しているため、とくに言語系の課題に関しては、迅速に解決へと向かうことがあります。

　また、理想を語った後に一気に現実に戻されるこの場面では、その落差のギャップに注意が必要です。モチベーションが低下しないようしっかりと理想と現実の差を埋め、実行可能なタスクに落とし込めるかが勝負です。

● AI推進担当者に贈る10の言葉

　最後に、AI活用で悩んだときに立ち戻ってほしい「考え方」をお伝えいたします。私が技術アドバイザーを務めた先で、AI担当者に贈ったアドバイスをギュッと凝縮してメッセージ化したものです。読者のみなさまが壁にぶつかったとき、何かしらのヒントになればと思い、ちょっと恥ずかしいですがそのままの文体で記載させていただきます。とくにAX（AIトランスフォーメーション）への道「データ駆動型」を目指す際には重要な観点になります。

①最初からグレートなアイデアは出ない：最初は地味なAIでも問題なし。普段の困り事を注意深く見つめること。そこから、

想像以上に実用的で有効なAIが生まれることがある。

②**データ収集・加工の工数とAIの有効性を天秤にかけよ**：高精度のAIをつくっても、データ収集や加工に過度な手間がかかるなら、本質的な解決策とはいえない。冷静に判断せよ。

③**モデル構築時に運用面も考慮せよ**：モデルをつくるだけでなく、予測結果の利用タイミングやモデル更新時期など、運用を見越した計画を立てるべし。

④**既存データに縛られるな**：「こんなデータがあったら」と考えることで、新しいチャンスが生まれることもある。時には既存の枠を超えて考えよ。

⑤**すぐに実用化できると思うな**：最初はオモチャのようなAIでも構わない。運用しているうちにデータが蓄積され、その結果機能し始めることもある。

⑥**手を動かし、有識者に相談せよ**：どんなにAIに詳しくても、実際にモデルをつくってみなければわからないことがある。とにかく手を動かし、試すこと。わからなければすぐに専門家を頼れ。

⑦**最初はサポート役として使うべし**：業務を完全にこなせるAIを目指さなくて良い。ダブルチェックや補助的な役割として使い倒すことを意識せよ。

⑧**精度が高すぎるAIには注意せよ**：極端に高い精度のAIは、モデルのつくり方に問題がある可能性がある。必ず疑いの目を持つことを忘れるな。

⑨**最初から精度にこだわりすぎない**：データに周期的な特徴がある場合、1年を通じてデータを集めなければ精度が上がらないことがある。粘り強く対応すること。

⑩**思うような精度が出なくても試す価値はある**：たとえ精度が低くても、意思決定の足しになれば使ってみる価値はある。AIが思わぬ落とし穴から救ってくれることもある。

SECTION 2

AI推進のための人と組織のあり方

✦ AI導入に求められる「人」とは?

● AI導入を成功させる掛け算

AI導入の成功は、3つの要素の掛け算で表されます。

「人の成長」×「制度」×「ソリューション」

この3つが揃って初めて、その効果は最大化されます。どれか一つでも欠ければ、掛け算の結果はゼロ。AI導入はうまくいきません。

なかでもとくに重要なのは、「人の成長」です。どんなに素晴らしいソリューションを導入しても、それを使いこなすのは人間です。AIを駆使して成果を上げるのは、結局のところ「社員の成長」にかかっているのです。AI先進企業に共通しているのは、社員が常に学び、成長し続けているという事実です。

次に重要なのが、社員が最大限のパフォーマンスを発揮できる「制度づくり」です。やる気のある人が頑張れる環境をつくること、すなわち、人の成長を後押しする制度設計が必要になります。そしてだいぶ離れて、具体的なAIソリューションの選択です。ベンダーなどの提供者側からは、自社のソリューションが「魔法の杖」であるかのように喧伝されますが、決してそんなことはありません。AIツールを導入したから成功するなんてことはなく、あくまで最後のエッセンスに過ぎません。

私はこれまで多くの現場を経験し、成功も失敗も目の当たりにしてきました。そのなかで得た最も大きな教訓は、「人を中心に考える」ことの重要性です。どうしても「自社に適したソリューションは何か」という議論に終始しがちですが、ソリューションの選択は最後で良いのです。「人」そして「制度設計」こそが、プロジェクトのマスターピースです。AI導入は、社内の人間関係や担当者のモチベーションまで加味した非常に泥臭く人間味に溢れたプロジェクトなのです。では次に、AI推進に必要なスキルセット・能力を見ていきましょう。

● AI推進者に必要な3つの能力

　AIを企業で推進するためには、3つの能力が必要です。ここでは、AIプロジェクトを成功させるために欠かせない「技術力」「業務知識」「実行力」について説明します。

◦ 技術力

　事業会社でAI導入を推進する際、プログラミングスキルに関しては、とくに高度な知識は必須ではありません。Pythonの基本操作ができれば、既存のライブラリやツールを使ってAIを活用することが可能です。一から複雑なアルゴリズムを設計する必要はなく、既存の技術を効果的に活用するスキルがあれば十分です。また、データサイエンスの分野でも、難解な数学や統計を深く理解することが必須ではありません。基本的なデータの整理やシンプルな分析ができる程度のスキルがあれば、実務では十分に対応できます。

　一方で、最も重要なスキルとして挙げられるのが「アーキテクト力」です。アーキテクト力とは、AIやシステム全体を設計し、それを実際のビジネスに適用する能力を指します。たとえるなら、魅力的な設計図を描き、それをもとに建物を実現させる建築士のような役割です。ビジネスの流れを理解し、データの取得から保

存、最終的な結果の出力までシステムとして設計する力を意味します。このスキルを発揮するためには、AWSやMicrosoft Azure、Google Cloudなどのパブリッククラウドの深い理解と、データを安全に扱うためのネットワークやセキュリティの知識が不可欠です。他にも総合的な視点でシステムを構築する能力が必要とされます。

・業務知識

業界特有の知識（ドメイン知識）は、AI導入を成功させるために欠かせない要素です。企業が属する業界にはそれぞれのトレンドや規制、ベストプラクティスがあります。それらを理解することで、AIが「どこに」「どのような形で」貢献できるか的確に判断することができます。また、自社が置かれている状況からビジネス課題を正確に抽出し、仮説を構築する能力が求められます。たとえば、業務効率化といっても、効率化すべきところと、時間をかけてでもしっかり対応すべきところを見極めて、芯をついた解決策をピンポイントに投入することが必要です。

・実行力

AI導入プロジェクトは、その複雑さと不確実性の高さから、常に全体を俯瞰し、適切にプロジェクトをリードする能力が求められます。この「実行力」とは、たんなるプロジェクトマネジメントのスキルとは異なり、社内のメンバーを率いるリーダーシップに近いものを指します。

プロジェクトを成功に導くためには、社内外のステークホルダーを巻き込み、その関係性や力学を敏感に察知し、状況に応じた適切なトーンでコミュニケーションをはかる能力が不可欠です。とくに、技術者とビジネスパーソンを結びつけるために、AI導入の目的をしっかり言語化し、熱量を持って伝えることができる人物が必要です。

● AI 推進者に適している人材とは？

AI を企業に導入する際、必要なスキルとして「技術力」「業務知識」「実行力」の3つを挙げましたが、これらの3つをバランスよく備える人材は非常に稀です。たとえ大企業でも簡単に見つかるものではなく、私自身もすべてを完璧に身につけている人材に出会ったことはありません。そのため、どのスキルを社内で育成し、どこで外部の専門家の助けを借りるべきかを慎重に判断する必要があります。

まず技術力に関しては、基礎的な知識があれば十分であり、中堅・中小企業においてはプログラムを自ら書くスキルまでは必ずしも必要ありません。もし高度な技術力が求められる場合は、社内での育成にこだわらず、外部の力を積極的に活用するほうが効率的です。

私の経験では、AI プロジェクトで真に力を発揮するのは、「技術力」がある社員ではなく、現場で信頼されるリーダー的存在です。とくに、「実行力」と「業務知識」を兼ね備えた人材がキーパーソンになります。業務に対する深い理解があり、現場から厚い信頼を得ている人こそが、AI 導入を成功に導くのに最も適した人材です。

なぜなら、AI はあくまで技術であり、それ自体が目的ではないからです。AI の導入が成功するかどうかは、現場の人々を納得させて動かし、その気にさせるリーダーシップがあるかにかかっています。「実行力」と「業務知識」を兼ね備えた人材は、現場の課題を深く理解し、効果的に解決するための行動力を持っています。

では、どのようにして適切な人材を見つければよいでしょうか？　これまでの経験を通じて、ある程度のルール化が可能だと考えています。新しいことに挑戦する前向きな姿勢や、粘り強く進んでいくための胆力は、基本的な素質として非常に重要です。しかし、私が注目しているのは、「社内でのネットワーク構築度

合い」です。Googleの初期の検索エンジンが、ページの内容だけでなく、そのページが他のページからどれだけリンクされているかを重視していました。このアルゴリズムに似ています。社内で信頼され、多くのプロジェクトで名前が挙がるような人は、他の社員から頼られ、社内ネットワークの中心に位置していることが多いです。そうした人材こそが、AI推進の素質を備えている可能性が高く、プロジェクトを成功に導くキーパーソンになります。

　最後に、AI推進者を任命する際には、本人の意向を尊重し、丁寧に時間をかけてコミュニケーションを行ないましょう。ただ一言「任せた」ではダメです。AI推進者は、孤独な戦いを強いられることが少なくありません。とくに中堅・中小企業では、社員の多くがAI導入を目的に入社したわけではなく、既存事業やその理念に共感して働いています。そのような状況で、突然AI導入の任務を与えられた社員は、スキル不足や新しい技術への不安から孤独感を抱きがちです。AI推進者が安心してプロジェクトに取り組めるよう、全社的なサポート体制を構築することが不可欠です。必要であれば社外のAI専門家にメンター役を担ってもらうなど、AIプロジェクトに意欲的に取り組めるよう、心のケアを含めた様々な支援策を検討しましょう。

✦AI導入に求められる「組織」とは?

● 専門組織（CoE）設立の利点と注意点
　AI導入や技術活用に関する相談において、経営者から最も多く寄せられる質問が「専門組織の設立」についてです。とくにデジタル技術を推進する人材が限られているなか、優秀な人材やノウハウを一か所に集約する「センター・オブ・エクセレンス（CoE）」という考え方が注目されています。ここでは、専門組織

のメリットと設立時の注意点についてお話しします。

　CoEとは、特定の専門分野における知識、スキル、ベストプラクティスを集約し、組織全体の能力向上を図ることを目的とした専門組織です。AIやDXの分野では、技術的な専門知識を持つ人材だけでなく、ビジネス課題を理解し、ソリューションを提案できる人材も必要とされます。CoEは、これらの多様な人材を集結させ、組織全体のAI・DX推進を加速させる役割を担います。

　企業においてCoEを導入するメリットは多岐にわたります。

　まず、AI・DXに取り組む専任の人材を集約することで、社内にその重要性を明確に伝え、挑戦したいという意欲を持つ人材が自然と集まる効果が期待できます。また、ナレッジの共有や成功事例の展開を効果的に進めるうえでも重要な役割を果たします。部門ごとに閉じられがちな成功例も、CoEが中心となってフレームワーク化し、一斉に横展開することで、非効率な重複を排除できます。

　そして、データや予算の集約もCoEの大きなメリットです。たとえば、各部門が独自の形式でデータを管理すると、データがつながらない状態で裁断され、全体最適を目指すことがむずかしくなります。一方で、CoEが中心となって中央集権的にデータを一元管理できれば、遠く離れた部門のデータも同じ形式で扱うことができるため、全社的な視点からデータ活用戦略を立案することが可能となります。予算管理においても、従来のように各部署が個別にIT予算を管理するのではなく、CoEが全社的に一括管理することで、大規模な投資判断を行なえるようになります。これにより、ROI（投資対効果）を意識した適切な投資が可能となり、効率的なコスト管理も実現します。

　ここまでが一般的なCoEのメリットですが、設立時に留意すべき点がいくつか存在しますので、私の実体験からピックアップして解説します。

　CoEの成功には、組織内外との円滑なコミュニケーションが

不可欠です。しかし、本社機能は概して現場との距離感が生まれることが多く、他の部署との連携が疎かになるケースも少なくありません。このような事態を避けるためには、コミュニケーション能力に長けた、いわゆる「顔の広い」人物をCoEのフロントに配置し、オープンな雰囲気を醸成することが重要です。具体的には、「技術で困ったことがあればなんでも相談してください」という雰囲気を社内全体にばら撒くのです。そうすることで、ビジネス上の課題や悩みが集まりやすく、CoEが本質的な課題解決に貢献できるようになります。

　また、専門組織を設立した後の「他人事感の助長」には十分に注意してください。具体的には、AI戦略部、DX企画部のような専門組織をつくると、営業部門やカスタマーサポート部門などの実ビジネスを担っている部署から技術活用に対する主体性が失われ、「AI導入はあの専門部署の仕事でしょ」という暗黙の他人事感が広まってしまう恐れがあります。本来、AI導入やDX推進は全社的な取り組みであり、それぞれの部署が自律的かつ主体的に推進する必要があります。しかし、専門組織をつくったばかりに、他人事のような意識が芽生え、協力体制が整わなくなる可能性があるのです。そのため、トップ自らが責任を持ち、CoEを適切にハンドリングし、全社一丸となって推進する意識改革も合わせて行なうことが重要です。時にはトップダウンでメッセージを発信し、専門組織を社内から孤立させないように配慮してください。

　余談ですが、私の知る限りAmazonのようなテクノロジー先進企業には「DX○○部」のような部署は存在しません。なぜなら、テクノロジー活用が全社的に浸透しており、もはや特別視されるものではなく、それぞれの部署の日常業務に組み込まれているからです。もしかしたら、DXと名のついた専門部署がなくなること自体が、デジタルトランスフォーメーションの最終到達点なのかもしれません。

● KPI設定はタイミングが命

　AI導入プロジェクトを進める際、まず考えていただきたいのは、初期段階の「探索」と後半の「実行」を明確に分けて取り組むことです。そして、とくに前半の探索フェーズでは、KPI（Key Performance Indicator：定量的な数値目標）を設定しないことをお勧めします。なぜなら、この段階で無理に数値目標を設定してしまうと、思考の幅が狭まり、企業としてのイノベーションが失われるリスクが大きいからです。探索が終わり、目指すべき方向が明確になった段階で初めて、施策の実行度合いを把握するために数値目標を設定しましょう。

　現場の実務では、まず大まかなターゲットを設定し、問題の所在を明らかにし、仮説を立てることから始まります。探索の初期段階において、トップが「AIを導入するぞ！」と大号令をかけてしまうと、各部門でKPIが設定され、個人目標にAI・DX項目を無理に盛り込む必要が出てきます。そうなると、いわゆる「置きにいく」状態が生じます。これは、本質的な課題解決ではなく、形だけの施策を大量につくり出すという意味です。低いハードルの目標を設定し、表面的に完璧に達成したように見せかける「謎のAI・DX祭り」が、あちこちで繰り広げられることになります。最悪の場合、「社長が言ってるから、それっぽい案を持ってこい」という指示が中間管理職から飛び出し、有望な若手社員のやる気を削いでしまうことにもなりかねません。

　とくにAIのようにトライ・アンド・エラーが必要な技術では、失敗がつきものです。KPIを設定してしまうと、確実に成功するものだけを目標にしたくなり、挑戦的な技術の優先度が自然と下がってしまいます。結果として、普通の改善活動が目標シートに並ぶだけになります。AIと称して、実際はたんなるルールベースのシステムが祭り上げられるのも、この段階でよく見られる現象です。また、探索の過程で業務自体を廃止することで解決できる問題に直面することも少なくありません。しかし、KPIが設定

されているがために、無理にAIを使ったソリューションを開発
しようとしてしまうことがあり、それが良からぬ結果を招きます。
こうなると、「ハリボテAI・DX」が全社に広がり、コストと労
力を浪費してしまうことになります。

　こうした事態を避けるために、私が現場で効果的だと感じた方
法の一つをご紹介しましょう。それが、「座布団一枚方式」です
（私が勝手に名付けました）。この方式は、気づきの加点方式ともいえる
もので、本質的な課題解決に向けて努力することを唯一のルール
とします。とにかく試してみる。失敗してもOK、方向転換も歓
迎、デジタル技術で解決できなくてもまったく問題ありません。
大事なのは、課題解決に全力で取り組み、その試行錯誤のなかで
得られた「気づき」を正確に報告し、その量と質で評価するとい
う点です。気づきを宝物として扱い、それ自体に価値を見いだし
ます。この方法では、業務をなくすことで課題を解決しても座布
団一枚、AI導入で解決しても座布団一枚、といった具合に、本
質的な議論が可能になります。ぜひAI導入自体を目標にしない
ように、評価制度の設計を行なってみてください。課題解決を第
一に考える文化をつくっていきましょう。

● 斜め上の承認者ネットワーク

　技術を活用するうえで、社内の人間関係、とくに「斜め上」と
のつながりは、組織の未来を大きく左右する重要な要素となり得
ます。組織内で「斜め上」のネットワークを意識的に構築するこ
とで、思いがけないイノベーションが生まれる可能性があるので
す。自部門の上司が気づかなくても、他部署の上司があなたのア
イデアに価値を見いだし、それがイノベーションにつながるケー
スも少なくありません。私もそのような事例を数多く見てきまし
たし、自分自身にも似たような経験があります。

　具体的な例を挙げましょう。ある部署の優秀な社員が、業務効
率化のためのツールを開発しましたが、本番環境での運用には安

定性が不足しているという理由で、その取り組みはいったん保留となりました。この判断は、リスクを極力回避する業務の性質上、十分に理解できるものでした。しかし、この話には続きがあります。その社員が隣の部署の部長に軽く相談したところ、話が瞬く間に本部レベルに広がり、最終的には大規模なプロジェクトへと発展したのです。まさに、斜め上の上司が小さなイノベーションの種を発芽させました。この出来事を詳しく聞いてみると、意外にも雑談がきっかけだったことがわかりました。この経験から、部門や職責を超えて自由に意見交換ができる環境が、イノベーションを促進するうえでいかに重要かを改めて感じました。

　世の中には、このような例が数多く存在しています。イノベーションは、縦方向の人間関係や業務の報告ラインのなかから生まれることは意外に少なく、むしろ斜め上の承認者ネットワークが、アイデアの創出を加速させるケースが多いのです。歴史的にも偉大な成果を生んだ例は少なくありません。あまりにも有名な話ですが、スリーエムのポストイットがその一例です。

　スリーエムの研究員スペンサー・シルバー氏は、強力な接着剤を開発しようと取り組んでいましたが、偶然にも接着力が弱く剥がしやすい接着剤を発明してしまいました。当然、接着剤開発部門ではこの接着剤は「失敗作」と見なされ、製品化は見送られました。しかし、ここで「斜め上」のネットワークが力を発揮します。スリーエムの別の部署に所属していた研究員アート・フライ氏が、この接着剤のユニークな特性に気づき、社内でその可能性を説得しました。彼は実際にこの接着剤を賛美歌集のしおりとして使っており、「貼って剥がせるメモ」としてポストイットのアイデアを提案し、最終的には製品化に成功したのです。

　多様なバックグラウンドを持つ人々が集まり、アイデアを生み出すことは、いまでは常識になりつつあります。技術活用においても、自部門に閉じずに、第三者の視点を取り入れることで、最善の選択をすることができるのではないでしょうか。とくに、ま

ったく異なる部署や社外の専門家というよりは、業務特性を理解している隣の部署の上司からのアドバイスが、重要なイノベーションのきっかけになることがあるのです。そのような機会を創出することがAI推進のためにも重要な人事戦略といえます。

実は私自身、本書を執筆するきっかけとなったのも、「斜め上」に位置する上司からのアドバイスでした。何気ない会話のなかで、現場で培った知見を書き留めていることを話したところ、思いがけないほどの好反応をもらったことを鮮明に覚えています。新しい扉を開いてくれたその方には、心から感謝しています。

● 全社的なITリテラシーの向上

シーズスタート・アプローチで示した集中的な「社内塾」に加えて、全社的な底上げも重要だと考えています。AI導入プロジェクトの成功やレベルの高いIT活用を見て感じることは、社内全体のITリテラシーが大きく影響するということです。端的にいうと、いくら社内に業界トップレベルのAI人材がいたとしても、ITの言葉がまったくわからない人が多数派を占める会社では、AI導入どころか、業務のデジタル化すらうまく進みません。新しい仕組みを考えたとしても、実際に使う人とのコミュニケーションがむずかしすぎて運用ができないという事態に陥ってしまいます。

インターネットがビジネスの現場で活用されるようになったとき、良いスタートを切れた企業と、そうでない企業に分かれました。その違いは何だったのでしょうか。私は、経営者や役員がインターネットを使ったことがあるかどうか、が大きな分かれ目だったような気がします。自分が使ってみて、良い点も悪い点も自ら感じたものでないと、正確な意思決定などできないはずです。手触り感を持った経営層がいた企業はこのデジタル化の波に乗り遅れることなく、的確な意思決定をすることができたのではないでしょうか。

つまり、本気でAI活用を進めたいのであれば、特定の専門部署だけでなく、社員全員がある程度の水準でデジタル技術の理解を深めなければなりません。とくに役職が上に行けば行くほど高いITリテラシーを保有していなければ危険ということを認識いただきたいと思います。部署のなかにIT担当者を任命し、すべてその人に丸投げしてしまう管理職を見ることがあります。それではなかなか自分ごとにならず、全体的なIT化の障壁になってしまいます。そのような課題を解決すべく、基礎知識を学ぶうえでとても良い国家資格があります。それは「ITパスポート試験」です。これは情報処理の促進に関する法律第29条第1項の規定に基づき経済産業大臣が実施する情報処理技術者試験の一区分である国家試験となります。

　もちろん国家試験なので就職や転職の際にも基礎知識の証明になるでしょうし、何よりも基本がわかっていることで言葉が通じるという利点があります。なるべく多くの人がIT技術の要点をおさえ、デジタル社会の入口に立っていただきたいと思っています。そのために私たちエンジニア側もビジネスパーソンの気持ちを理解しながら、なるべくわかりやすい形で知識を身につけていただけるような教育研修活動を行なっていきたいと思います。

COLUMN
なぜAIに完璧を期待してしまうのか?

　私たちはなぜAIに完璧を求めてしまうのでしょうか?

　その背景には、機械やシステムが常に正確に動作してきた歴史があります。産業革命以降、人類は機械の力を借りて重労働を軽減し、正確で効率的な生産を実現してきました。肉体労働を担う機械は、間違いなく正確に動くことが不可欠でした。さらにデジタル化が進み、1990年代以降、パーソナルコンピュータがデスクワークの多くを代替すると、プログラムさえ正しければシステムは常に期待どおりに動作すると信じられてきました。こうして「機械やコンピュータはミスをしない」という考えが根強くなり、私たちの意識に刷り込まれていったのです。

　ところが、AIの出現によりその期待は揺らぎ始めました。AIは必ずしも100%正確ではなく、時には人間のように嘘をついたり、曖昧な結果を出したりすることもあるからです。AIは、データを数値や記号として処理しているだけで、その背後にある意味を理解しているわけではありません。たとえば、AIが画像や文章を扱うとき、それはたんなるデータのパターンとして処理しているに過ぎません。そのため、予測の枠を超えたイレギュラーな事態には弱く、状況に応じた柔軟な対応が苦手です。

　ChatGPTなどの大規模言語モデルにおける「ハルシネーション」（もっともらしいが事実と異なる回答）は、このAIの不完全さの典型例です。もちろん、技術の進化により徐々に改善されるでしょうが、完全に解消されることはないと考えています。なぜなら、AIが人間のように意思を持って振る舞うことを目指す限り、人間の不完全さをも引き継ぐことになるからです。私たち人間も、時には間違いを起こしたり、感情に左右されたり、意図せず誤解を招いたりすることがあります。AIがより「人間らしく」なればなるほど、その曖昧さや複雑さも再現されるのかもしれません。

　ここに一つのパラドックスが生まれます。私たちはAIを効率化のために開発しているはずなのに、その一方でAIを「人間に近づけたい」と望んでいます。しかし、人間に近づけば近づくほど、その面倒くささや不確実性も受け継ぐことになります。人間のように意思を持つというのはどういうことでしょうか。たとえば、掃除ロボットに「完璧に掃除して」と指示しても、

「今日はやる気が出ないから」と断られたら困りますよね。AIに人間と同等かそれ以上の存在になることを期待すると、逆に私たちはAIの本来の目的を見失ってしまうのかもしれません。

　こうしたジレンマを考えると、AIとの付き合い方も、人間関係に似ていると感じます。AIに完璧を求めるのではなく、その限界を理解し、間違いを許容することで、より良い協力関係が築けるのです。完璧ではないからこそ、AIは私たちにとって魅力的であり、成長の余地を残しているのではないでしょうか。AIの欠点を受け入れつつともに成長していくことで、より良い未来が切り開かれるはずです。言い換えると、AIの進化にともない、私たち人間も成長していくのかもしれません。

　ところで、フリースタイル・チェスという競技をご存知でしょうか。人間とコンピュータが協力して戦うチェスの新しい競技形式であり、アドバンスト・チェスとも呼ばれています。選手はAIのアドバイスを受けながらプレーしますが、最終的にどの手を打つのかを決めるのは人間です。コンピュータにすべてを任せてしまう選手もいるそうですが、面白いことに、そのような選手の勝率は思うように上がらないそうです。レベルの高い選手は、コンピュータと協力し、人間ならではの直感を駆使して相手を打ち負かしてしまいます（Freestyle Chess G.O.A.T. Challenge: https://www.freestyle-chess.com/de/）。

　これは、ビジネスの世界でも同じことがいえるのではないでしょうか。私たちの良きパートナーとしてAIとともに働く未来を想像しませんか。たとえば、AIが完璧でないのであれば、初期の振り分け業務などをAIに担ってもらい、最後は人間が判断するといった業務設計が可能です。それを「デジタル・ケンタウロス」と呼ぶ人もいるそうですが、まさにITの力を借りて人馬一体の未来を一緒に創造していきましょう。

IMPLEMENTATION OF ARTIFICIAL INTELLIGENCE

第 7 章

AIの導入・活用を
成功に導くための心得

SECTION 1

AIの進化に柔軟に対応する

✦ 周辺技術の進化で状況は一変する

● ティッピング・ポイントとは？

テクノロジーの本質を理解するためには、その進化は決して一定ではなく、「ティッピング・ポイント（転換点）」を超えることで急激に加速するという視点が重要です。ティッピング・ポイントとは、小さな変化が蓄積され、ある瞬間に状況全体が劇的に変わることを指します。これは、カナダ出身の著名なジャーナリストであり作家のマルコム・グラッドウェル氏が、彼の著書『ティッピング・ポイント　いかにして「小さな変化」が「大きな変化」を生み出すか』で提唱した概念です。グラッドウェルは、この書籍で小さな変化が臨界点を超えることで、社会全体に大きな影響を与える仕組みを説明しています。

この観点から見れば、AI技術もまさにそのティッピング・ポイントに近づいています。これまでAIは一部の先進企業だけが導入してきましたが、周辺技術や環境が整備されることで、AIの価値が爆発的に拡大する局面に差し掛かっています。技術は単体での進化だけでなく、周囲の技術や社会との相互作用によってその価値が大きく変わるのです。

たとえば、エレベーターを考えてみましょう。初期のエレベーターは、低層建築が主流だった時代に登場したため、「贅沢品」と見なされていました。しかし、建設技術が発展し、高層の建物が当たり前になると、人々がより高い場所に住んだり働いたりす

るようになり、現代の生活には欠かせないものとなりました。技術の進化を予測することがむずかしいのは、まさにこのように周辺環境に大きく依存するからです。技術そのものの可能性を見極めるだけでなく、それが社会や他の技術とどのような化学反応を起こすか常に意識しておく必要があります。

　同じことがAIにも当てはまります。現在、多くの企業では、AIはまだ「余裕があれば導入を検討する技術」や「一部の先進的な企業だけが取り入れる技術」として捉えられています。しかし、市場の要求やビジネス環境が急速に変化するなかで、たとえば海外からの需要が突然増加するなど、AIの真価が問われるときが訪れるかもしれません。しかし、そのときに気づいたのではちょっと遅いんです。AIの進化に備え、いまからその導入を考えておくことが、企業の未来を左右する重要な戦略となります。

　AIはもはやたんなる「オプション」ではなく、企業が競争力を維持し、成長を続けるための必要不可欠なツールになりつつあります。少なくとも、テクノロジーの世界では、AIが最も重要な技術の一つであることは疑いようがありません。飛び立つには助走が必要です。一緒に準備を進めていきましょう。

● ヒューマン・イン・ザ・ループ

　AIと向き合う際にまず理解すべきなのは、「100％正しい結果を得られる」という期待を持たないことです。ルールベースのシステムとは異なり、AIは過去のデータから学び、状況に応じて異なる結果を出します。学習データが変われば、判断基準も変わるため、同じ結果は期待できません。こうした特性から、AIはミスが許されないミッションクリティカルな業務には適さないとされることが多いですが、実際にはそのような場面でもAIを活用する方法があります。

　ここで紹介したいのが「ヒューマン・イン・ザ・ループ（Human in the loop）」という考え方です。これは、AIの出した結果を最終

的に人間が確認する、あるいは人間の判断をAIがチェックするというアプローチです。つまり、AIが業務フローに組み込まれる一方で、重要な判断には人間が必ず関与するという仕組みです。このアプローチによって、AIの利点を活かしつつ、信頼性を確保することができます。最近では、専門家をこのループに加えることから「エキスパート・イン・ザ・ループ（Expert in the loop）」とも呼ばれています。

　具体例を挙げましょう。ある企業では、提出された書類をもとにOKかNGかを判断する業務が2人の担当者によって行なわれていました。これは非常に重要で、ミスが許されないタスクです。判断には複雑な要素が含まれているため、ルールベースのシステムでは対応できず、AIを使った判定モデルの導入が検討されました。しかし、モデルの精度が期待を下回り、導入がいったん見送られました。ところが、AI担当者は諦めずにデータを更新し続け、AIを「3人目のチェック役」として業務に組み込みました。

　するとある日、2人の人間チェッカーがOKと判断した書類を、AIだけが高い確率でNGと判定しました。不思議に思って再確認してみたところ、答えは「NG」。AIの判断が正しかったのです。

　当時、この業務を担当していたのは社内でも発言力があるベテラン社員と見習い修業中の新人社員の2人でしたが、新人はベテランに遠慮し、ダブルチェックが十分に機能していませんでした。ところが、AIは先輩だろうが後輩だろうが気を遣いません。過去データに基づいて、純粋にNGと判断したのです。このように、たとえAIの精度が完璧でなくても、「第三の忖度なしチェッカー」としてAIを活用することで、思わぬ落とし穴から救ってくれるかもしれません。

　この事例は、AIが人間の弱点を補完する可能性を示しています。AIと人間は得意分野が異なるため、心理的な面も含めてそれぞれの強みを活かし、補完し合う「協業体制」を構築することができます。こうした体制を構築できる人材の価値は、今後さらに高

まっていくでしょう。

● AI協業タイプを整理する

　AIとの協業については多くの書籍で触れられていますが、本書では3つのタイプに分類し、それぞれの業務においてAIの介入度をどの程度に設定すべきかを考察します。最もAIの介入が大きいのがタイプ3ですが、必ずしもタイプ3が最適とは限りません。業務の特性によっては、タイプ1やタイプ2がより適した選択肢となる場合も多々あります。

タイプ1：人間が主な業務を担い、AIが補助的にサポートする
タイプ2：AIが主な業務を担い、人間が最終チェックを行なう
タイプ3：AIがすべての作業を担い、イレギュラーな対応を人間が行なう

　ここで重要なのは、各業務において「人による付加価値」と「ミスの影響度」を考慮して、適切なAI協業タイプを選定することです。特定の人が行なうことに価値がある業務には、タイプ1が最適です。たとえば、「あの人にお願いしたい」と指名されるような業務では、AIが補助的にサポートすることで、その人の価値を最大限に引き出すことができます。お客様はその担当者に対応してもらうことに価値を見いだしていることが多く、それ以上AIが介入すると、かえって本来の強みを損なう恐れがあります。
　一方、担当者によって結果に大きな差が出ず、特定の人による付加価値がそれほど高くない業務には、タイプ2が適しています。たとえば、データを正確に入力したり、文章の誤りをチェックしたりする業務などはその典型です。さらに、その業務が社内向けか社外向けか、間違いのリカバリーが可能かどうかを考慮し、タイプ3を目指すか判断します（次ジ→**図表7-1**）。
　このように、AIを使って業務の効率化を図る前に、まず業務

図表7-1 AI協業タイプと適用マトリックス

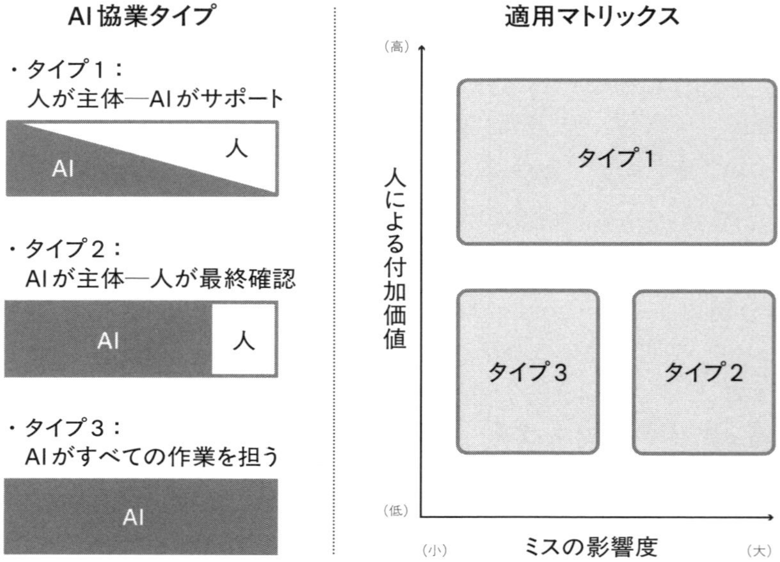

AI協業タイプ

・タイプ1：
　　人が主体—AIがサポート

AI／人

・タイプ2：
　　AIが主体—人が最終確認

AI／人

・タイプ3：
　　AIがすべての作業を担う

AI

適用マトリックス

（縦軸）人による付加価値（高・低）
（横軸）ミスの影響度（小・大）

タイプ1

タイプ3　タイプ2

の特性を見極め、どの程度AIを介入させるべきかしっかりと検討することが重要です。

　あくまで個人的な感想ですが、海外のエンジニアと話をすると、彼らがAIを「サーバント（召使い）」として捉えていることを感じます。つまり、人間に代わって仕事をこなす存在と見なしており、業務設計の際にはタイプ3もしくはタイプ2を前提とすることが多いのです。しかし、実際のビジネス現場には、タイプ1が最適な業務も少なくありません。日本では、アトムやドラえもんのように「AIは友達」という発想が根付いており、それがタイプ1の設計にポジティブな影響を与えているように思います。端的にいうと、タイプ1の業務設計は日本人が大得意です。ハリウッド映画に見られるような、AIが人間に反乱を起こすというシナリオは、AIを召使いとして扱う発想が発端ではないかと思ったりするのです。

✦ とにかくスタートすることの大切さ

● 小さく始めて大きく育てる

　AI導入を成功させるには、「小さく始めて大きく育てる」という意識を持ちましょう。そのためには、過度な計画や分析に頼りすぎず、まず行動を起こすことが大切です。

　一橋大学名誉教授の野中郁次郎先生は日本の低迷の原因として「3つのOver（過剰）」、すなわちOver Planning（計画しすぎ）、Over Analysis（分析しすぎ）、Over Compliance（コンプライアンスにこだわりすぎ）を挙げています。AI導入においても、これらに陥り、完璧な計画を追い求めるあまり、時間を浪費する企業は少なくありません。

　AI活用は、実際に動いてみなければわからないことが多いため、小さなプロジェクトから始めて、浮かび上がってくるチャンスを捕まえることが成功への近道です。とくにAI分野は、技術進歩のスピードが非常に速く、綿密な計画を立てても、半年後には状況が一変している可能性があります。新しい技術が登場し、計画自体が無効化される恐れもあるため、走りながら最適解を探っていくしかありません。

　この過程で重要なのが、「スノーボール・エフェクト（雪だるま現象）」という考え方です。前に進めるために右往左往しているうちに、周辺領域が広がっていき、様々な効果がどんどん吸着されて大きくなっていきます。まるで転がっているうちに大きくなる雪だるまのように、計画段階では気づかなかったメリットも次々に発見されます。そうなると、大きな雪だるまを転がすために、支援者も集まってきます。最初は小さかったものが、徐々に「ヒト・モノ・カネ」が集まりだし、予想外の結果をもたらすことがあるのです。何が言いたいかというと、問題の本質を見定めて、まずは始めてみること。その「問い」が正しければ正しいほど、スノーボール・エフェクトが高い確率で発生します。

また、AI導入を進めるなかで、小さな成功体験を積み重ねることも大切です。単純な業務改善でも成功すれば、それが自信となり、次のプロジェクトへの推進力となります。AIは特別な技術と思われがちですが、少しずつ成果を積み重ねることで、誰でも使いこなせるようになります。動き出すことで得られるその気づきが、人を成長させ、AI人材の育成にもつながるのです。

私の経験からいっても、AI導入の検討を始めて後悔したケースは一度もありません。たとえ最終的に導入に至らなかったとしても、その過程で業務全体を見直す機会が生まれることが多々あります。とくに、長年見過ごされてきた古いプロセスが浮き彫りになり、それを改善するだけでも大きな価値が生まれます。最初の一歩を躊躇せず踏み出し、その先に広がる新しい可能性を信じましょう。必ずあなたの企業にとって大きなプラス要素として返ってきます。

●イノベーションレベルの階段を登る

AI導入は、新たな高みを目指すプロジェクトです。目指すゴールは、業務効率化や新しいビジネスモデルの創出など様々かもしれませんが、その道のりには多くの困難が伴います。だからこそ、目指すべき目標を明確にし、一歩一歩着実に進むことが大切です。

AI導入プロジェクトでありがちな失敗は、初期段階での曖昧な認識です。「AIで何かしたい」という漠然とした思いでスタートすると、後々、チーム内で意見が対立し、プロジェクトが迷走する可能性があります。たとえば、事務部門は「AIでルーティンワークを減らしたい」、マーケティング部門は「AIで顧客体験をパーソナライズしたい」、商品部門は「AIで新商品アイデアを生み出したい」など、各部門が思い描くAI活用のビジョンが異なる場合、共通の目標に向かって進むことはむずかしくなります。

ここで重要なのが、イノベーションレベルという考え方です。

図表7-2をご覧ください。レベル1は「業務効率化」、AIで社内の仕事を効率化し、生産性向上を目指します。レベル2は「商品・サービスの強化」、AIで顧客体験を向上させ、競合との差異化を図ります。そしてレベル3は「ビジネスモデルの変革」、AIで新しいビジネスを生み出し、業界のゲームチェンジャーを目指します。

「せっかくAIを導入するのだからレベル3を目指すべきである」という論調には注意が必要です。すべての企業がレベル3を目指す必要はありません。デジタル化が進む現代でも、レベル1やレベル2で十分な成果を上げる企業は多く存在します。

とくに日本の企業には、小さく始めて大きく変革する「コツコツ型の技術活用」が合っています。まずはレベル1でテクノロジーに慣れ、小さな成功体験を積み重ねることで、将来的に大きな変革を目指す方向性も十分にあり得ます。AIという名の階段を、

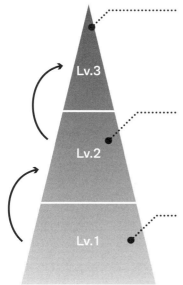

図表7-2 │ AIイノベーションレベル　3つの段階

レベル3：ビジネスモデル変革・刷新
新規事業の創出や既存ビジネスモデルの刷新を目指す、AI導入の最終到達点です。AIを駆使して新たなエコシステムを生み出したり、従来の製品販売からサブスクモデルへの移行を推進するなど、AIを最大限に活用して収益モデルの革新に挑戦します。

レベル2：商品・サービス最適化
主に顧客やパートナー向けの取り組みとして、商品やサービスの質を高めることを目指します。AIによる顧客データ分析を活用し、パーソナライズされたサービス提供や品質改善、予知保全などを実装することで、顧客体験の向上に貢献します。

レベル1：業務効率化
主に社内向けの取り組みとして、内部オペレーションの効率化を目指します。AIやデータ分析技術を活用し、業務プロセスの最適化や自動化を進めることで、生産性向上や社内サポートの強化を図ります。

一段一段、着実に上っていきましょう。

最終的には、レベル1を最大限まで拡張し、それを極めることがゴールであったとしても、企業の競争力が強化されていれば、それは立派なAX（AIトランスフォーメーション）です。AI活用は上に登ることだけが道筋ではなく、レベル1をしっかりと深化させることも重要な戦略です。ぜひ、自社に合ったスタイルと目標を定義し、このイノベーションレベルの図を参考にしながら、議論を深めてください。

● 試行回数を増やすことが肝

AI活用を成功させるためには、どれだけ試行回数を増やせるかが非常に重要な要素となります。こうした状況で力を発揮するのが、米国シリコンバレーで広く採用されているMVP（Minimum Viable Product：最小限の機能を持つ製品）という考え方です。MVPの重要なポイントは、迅速な試行と柔軟な方向転換、いわゆるピボットを繰り返すことです。

MVPのアプローチでは、まず必要最低限の機能を持つ製品を早期にリリースし、ユーザーからのフィードバックをもとに素早く改善を重ねていきます。これにより、完璧な製品を追い求めるあまり時間を浪費することなく、迅速に市場の反応を得ることができます。また、この手法は、柔軟な変更を繰り返すことで、より適切な方向へ進むことが可能となり、結果的にプロジェクトの成功率を高める効果をもたらします。

この考え方は顧客向けのサービス開発だけでなく、社内向けのAI開発プロジェクトにおいても非常に有効です。たとえば、社内業務の効率化を目指して新しいAIソリューションを開発する際、最初から全機能を備えた完璧なシステムを目指すのではなく、まずは基本的な機能だけを実装したプロトタイプ（試作品）を作成し、実際の業務で試用します。この段階で現場のフィードバックを得ることで、改善点や追加すべき機能が早い段階で明確になり

ます。

　MVPの大きな利点は、リスクを最小限に抑えられる点にもあります。全機能を一気に開発するのではなく、小さな部分ごとに開発とテストを繰り返すため、一部がうまく機能しなくても全体に大きな影響を与えることなく、迅速に修正が可能です。これにより、開発コストや時間の無駄を避け、より早く、かつ効果的なソリューションを提供できるのです。

　AI開発は、従来のシステム開発とは大きく異なります。通常のシステム開発では、計画を立ててそのとおりに実行すれば、ある程度の成果が見込めます。しかし、AIプロジェクトでは、モデルの精度が十分に出るかどうかは、実際に試してみないとわかりません。また、そのAIが業務に適用されたときに、実際に機能するかどうかも、現場での運用を通じて初めて判断できるケースがほとんどです。たとえば、予測分析AIを導入する場合、過去のデータをもとにモデルを訓練しても、実運用環境でのデータが異なると、期待どおりの精度が得られないことがあります。このような不確実性があるため、AI導入は、試行回数を増やし、繰り返し試してみることでしか光を見いだすことはできません。どんなに泳ぎ方を教わっても、実際に水に飛び込んでみないとわからないこともあるのです。

　試行回数を増やすためには、ノーコードAI開発ツールの利用を強くお勧めします。ゼロからプログラミングしていては、試行錯誤を気軽に行なうことはむずかしく、現場で見つかった課題を迅速に反映することも困難です。試行回数を増やすことがAI導入・活用の唯一の勝ち筋であるとすれば、ノーコードAI開発ツールは間違いなく必要不可欠なマスターピースと言えます。

✦ データとの向き合い方

● 課題が先でデータが後

　AIに限らず、昨今のテクノロジー活用の要はなんといっても「データ」です。そして、データの取得は一度限りではありません。継続的、かつ正確にデータを取得することにより、改善サイクルを回していくことが可能となります。

　そのためには、安定的なデータ取得方法の確立が重要です。センサーなどを活用し、人手を介さずに自動的にデータを蓄積できるのが理想ですが、そのような恵まれたビジネス環境ばかりではありません。手動入力を行なう場合でも、データのばらつきを最小限に抑えるために、入力方法を統一し、実態を正確に反映させる必要があります。とくに初期段階では、フォーマットに沿った構造化データであることが望まれます。

　ここで注意点です。「データがたくさん溜まってるんだけど、これを使って何かできる？」という依頼を頻繁に受けます。しかし、このケースで芯をついたソリューションを提供できることはあまり多くありません。どうしても、いまあるデータからわかるインサイト（洞察）を提示するのが限界です。「このデータだけ見ると、○○ということがわかりますが、これだけで課題は解決しません」。このような回答に終始してしまうことも多く、私たちエンジニアとしても歯痒い思いが残ります。結局追加のデータを取得したり、課題設定からやり直したりすることになります。

　すでに蓄積されているデータでなんとかしようとするのではなく、「この課題を解決したいから、このようなデータが必要だろう」という仮説を持ってスタートするように心がけてください。そのためにはデータ取得段階からAIに詳しい人に同席してもらうことが望ましいです。

　本来、課題がまず先にあり、その解決のために必要なデータを揃えます。そして、チャンスがあれば、AI・機械学習などを用

いて改善サイクルの確立を狙います。やはり、データに関しても課題から始めることが必要なのです。「何を解決したいのか」という根本的な問いを定義することから始めましょう。数々のAI導入の成功例を見てきましたが、ほとんどは「どうしても解決したい」という切実な思いから始まったプロジェクトです。

● **生存バイアスに要注意**

　データ分析のアプローチを見直す良い教訓として、「爆撃機の生存バイアス」の話をご紹介します。第二次世界大戦中、アメリカ軍は爆撃機の生存率を高めるため、帰還した機体の被弾データをもとに、被弾の多い箇所を強化しようとしました（図表7-3）。しかし、このアプローチには重大な欠陥がありました。それは、データに基づいているようで、実は「生存バイアス」という落とし穴にはまっていたのです。

図表7-3 ｜ 爆撃機の被弾データ

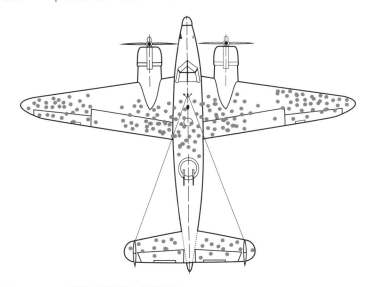

出所：Wikipedia 帰還した飛行機の損傷部分（仮説データ）

統計学者アブラハム・ウォルド氏は、この問題点を鋭く指摘しました。彼は、課題解決を第一に考え、本当に必要なデータは何かを問い直しました。そして、被弾していない箇所こそが重要であるという逆転の発想に至ったのです。帰還した爆撃機が被弾していない箇所は、被弾すると致命的なダメージを受ける可能性が高い箇所であり、被弾すると帰還できないのでデータとして集まらないだけではないか。そのような部分にダメージを受けていないからこそ、私たちがデータを取った爆撃機は帰還できたのではないか。そこを重点的に保護すべきだと考えたのです。

この話は、データ分析がたんなる手段であり、目的は課題解決であることを教えてくれます。ビジネスでも同様に、手元にあるデータだけに頼って課題を解決しようとすると、見落としが生じる可能性があります。たとえば、「商品が売れない」という問題を解決する際、過去の販売データに基づいて分析するだけでは、売れない原因を特定できないかもしれません。なぜなら、過去のデータには買ってくれた顧客の情報はあるものの、買わなかった顧客の理由や要因が含まれていないことが多いからです。

このような場合には、まず「なぜ売れないのか？」という問いを深く掘り下げ、そのうえで必要なデータを集めることが重要です。ここで必要になるのは、データ分析の技術だけでなく、ビジネスの現場から得られるリアルな体験や業界特有の知識、つまり、本書で何度も登場する「ドメイン知識」です。現場での経験や慣習、仮説をもとに、新たな視点から問題を捉えることで、適切な解決策を見つけることができるのです。

● 相関と因果の違いを意識する

「チョコレート消費量が多い国ほど、ノーベル賞受賞者が多い」という興味深いデータがありますが、これは本当の話なのでしょうか？　実は、このデータには落とし穴があります。チョコレートを多く食べられるような豊かな国は教育水準が高く、教育

や研究にお金をかけることができるので、そのような統計が出ることは想定できますが、チョコレートを食べることとノーベル賞を受賞することには、直接的な関係はありません。2つの事柄が一緒に変化しているように見えても、それが原因と結果の関係とは限らないのです。

ここで重要なのが、「相関関係」と「因果関係」の違いです。相関関係とは、2つの事柄が一緒に変化する関係のことです。たとえば、靴のサイズが大きい子どもほど計算能力が高いという観察結果も、典型的な相関関係を示す例です。靴のサイズが大きいということは、学年が高くなることを意味しますから、統計的にそのような結果が出ることは想定できますが、チョコレートとノーベル賞の話と同様に、2つの事柄が一緒に増えているというだけで、直接的な原因と結果の関係があるわけではありません。

あるいは、「アイスクリームの売上が増えると水難事故も増える」というデータがあっても、アイスクリームが水難事故を引き起こしているわけではありません。どちらも夏に増えるだけで、直接的な原因と結果の関係はないのです。

一方、因果関係とは、一方の事柄がもう一方の原因となる関係のことです。たとえば、水をあげると植物が育つ、といった関係です。こちらは、水をあげるという行為が、植物が育つという結果に直接つながっています。

因果関係を確認するためには、いくつかの方法があります。代表的なものは次の4つです。

時間的な順番を確認する：原因が結果に先行していなければなりません。たとえば、「広告を見た後に商品を購入した」というデータがあれば、広告が商品の購入を促した可能性が考えられます。
他の原因がないか考える：他の要因が影響していないかを慎重に検討します。たとえば、「暑い日にアイスクリームがよく売れる」のは、暑さが原因である可能性がありますが、プロモーショ

ンや価格の変動など、他の要因がないかを確認する必要があります。

実際に実験してみる：因果関係を確かめるためには、対照実験が有効です。たとえば、新しい薬の効果を調べる場合、薬を飲むグループと飲まないグループをランダムに分け、結果を比較することで因果関係を確認できます。このようなランダム化比較試験（RCT）と呼ばれる実験方法は、因果関係を科学的に証明するために広く使われています。

現場の意見を参考にする：データだけでは見えない因果関係のヒントを得るために、現場で働く人々の意見を取り入れることも重要です。現場の視点は、データの背景にある要因を理解するための貴重な情報源となります。ただし、現場の意見はあくまで補完的なものであり、データと併せて評価することが大切です。

　AIの発展により、膨大なデータから相関関係を見つけ出すことは容易になりました。しかし、因果関係を見つけるのは依然としてむずかしい課題です。以上のように相関と因果の違いを意識しながら、正確にデータを読み解く能力を鍛えましょう。

SECTION
2

経営者やリーダーが意識すべきこと

✦ AI導入への強いポリシーが必要

● ストーリー次第で印象は変わる

　AI導入・活用には、企業を貫く一連のストーリーが必要です。なぜなら、AIはあくまで手段であり、その真の目的は、企業の競争力を高め、持続的な成長を実現することだからです。他社の成功事例から学ぶことはたしかに有益ですが、それをそのまま模倣するだけでは、企業の独自性や競争力を失うリスクがあることを忘れてはいけません。培ってきた歴史、そして未来へのビジョン、根源から湧き出る企業の価値観をもとにAI活用の道筋を見いだすのです。それぞれ企業ごとに創業からの軌跡、保有するデータ、業務プロセス、そして社員のITスキルは多種多様です。企業が持つユニークネス（個性）こそが競争優位性を確立します。

　たとえば、真心のこもった温かみのあるサービスが評価されていた企業が、突然、他社の成功を真似て「チャットボットでの対応を強化します」と言ったらどうでしょう。まず、その企業特有の物語から外れた技術導入は、社内からの共感や理解を得ることがむずかしく、結果として魂のこもった改革へ進むことが困難となります。その技術活用が企業の強み・弱みのどの部分に寄与しているのか、何を目的にしているのかをトップやリーダーが主体的に確認しましょう。

　また、AIやデジタル技術の活用方針は時に、本当の意図が正しく伝わらず、マイナスの印象を与えることもあります。間違っ

た意図が広まらないように、技術導入のストーリーを明確に表明しましょう。先ほどの例では、たんに「チャットボットを導入します」ではなく、「通常の対応に加えて、業務時間外の緊急な問い合わせにも対応するためにチャットボットを導入します。これから、私たちはAIの力を借りて24時間365日、大切なお客様に寄り添います」と言ったらどうでしょう？　ストーリーをしっかり伝えると印象はガラッと変わりませんか。

　そして、AI導入の過程では、経営者のポリシーが問われる場面が必ず訪れます。たとえば、教育現場で生徒の集中度を監視するAIや、リモートワーク中に従業員を監視するAIの導入には、プライバシーや公平性に関する懸念が伴います。これらのAI導入の善し悪しについては言及しませんが、監視される側や評価される側が納得していなければ、ハッピーなAI活用とはいえません。AIは、社員のやる気を高め、企業の成長を促進するためのツールとして使われるべきです。

　このように、AI導入の現場では、その企業の経営者の考えが如実に反映されます。たとえば、製造業において、不良品チェックAIを導入する際には、ただたんに「業務を効率化してコスト削減を目指しましょう」と語るだけではなく、「現場の負担を軽減し、社員がより創造的な仕事に集中できる環境をつくりたい」、「社員が家族との時間を大切にできるようになるべく作業を減らしてあげたい」といった、トップやリーダーの想いを乗せて具体的なストーリーに仕上げるのです。それにより、社員やそのご家族、お客様、様々なステークホルダーの共感を得て、より高次元なAI活用の道が見えてきます。

● 将来にわたる副次効果を見極める

　AI導入でコスト削減効果を求めること自体は悪くありませんが、それを主目的にすることは避けるべきだと考えています。なぜなら、AIやITシステムをたんなるコスト削減の手段と捉え、

費用対効果を厳密に計算すると、最終的には人件費の削減に行き着くからです。

米国のようなIT先進国では、新しいITシステム導入を通じて業務プロセスそのものを刷新し、同時に人件費のスリム化を行ないます。そこで捻出されたお金をさらにテクノロジーに再投資し、複利効果を目指します。しかし、日本では強い解雇規制が存在するため、効率化によって余剰人員を削減することがむずかしいのが現状です。そのため、新しいシステムを導入しても逆に管理業務が増え、「仕事のための仕事」が生まれてしまうことすらあります。

直近のコスト削減にフォーカスするのではなく、将来的な収益構造の改善を目指すのが正しいアプローチです。たとえば、急成長している事業を持っている場合は最も高い効果を発揮します。売上に比例して増加する事業費を抑えるために、適切なITシステムを導入して業務を効率化し、将来的な利益の最大化を図ります。これはたんなる「コスト削減」ではなく、コストを抑制することによる「利益構造の変革（PX：Profit Transformation）」と表現するほうが適切です。新規事業部門やスタートアップ企業などで実施される施策の多くはこの枠組みで行なわれ、実際に大きな費用対効果を生み出しています。AIに限らず、ITシステムは、利用回数や利用量が増大しても、コストが比例して上昇することは少なく、むしろ使えば使うほどコスト効率が向上する特徴があります。このような特徴を活かし、長期的なコスト構造の改善を目指すことで、持続的な利益拡大が可能となるのです。

また、技術導入の現場に長く身を置いてきた経験から感じることは、「テクノロジーの価値は事前に数値化しにくい」ということです。とくにAIに関しては、導入前にあれこれ試算したことがそのとおりになったことは少ない印象です。現時点で数値に表せない価値や効果が、時間の経過とともに顕在化することが多いという視点に立ち、未来を想像し、「将来的な副次効果」に目を

向けることが重要です。AIの活用は、組織を前進させるための
ポジティブな取り組みとして捉えたほうがよく、たんなるコスト
削減ツールと見なすと、視野が狭まり、本当の価値を見失う恐れ
があります。

　たとえば、AI導入によって「担当者の心理的な負担が軽減さ
れる」「優秀な人材が採用できそう」といった、感覚的で計測が
むずかしい理由が重要となる場合があります。また、ある程度数
値化できる要素としては、「顧客や同僚との対話時間が増加す
る」といった方向性も考えられます。導入後、企業にとって価値
の源泉となる時間をどれだけ「増やす」ことができるかに注目す
るのです。業務効率化の目的は、たんにコストを削減することで
はなく、その企業にとって最も重要な活動により多くの時間を割
けるようにすることです。

　一例を挙げると、駅に自動改札が導入されたことで、駅員の業
務範囲が広がり、サービスレベルが飛躍的に向上しました。当初、
自動改札機導入の主目的は人件費の抑制や、乗降の円滑化といっ
た利便性の向上だったはずです。しかし、実際にはその目的を超
えた多くの副次効果が生み出されました。たとえば、より一層安
全面に配慮できるようになったり、高齢者や障害を持つ方へのサ
ポートが拡充されたりしています。さらに、オフピーク定期券や
昨今急増した訪日外国人への対応など、ICカードによるデータ
活用で混雑の緩和や最適なルート提案といった具体的な効果が期
待できます。これらはすべて当初想定されていたかというと、そ
うでもないような気がします。将来にわたる副次効果の収穫をす
べて予想することはむずかしく、導入時点では気づかなかった価
値が次々に生み出されるケースをたくさん見てきました。過去の
事例や経験に基づいて未来を予測し、積極的にテクノロジーを導
入していく姿勢が重要です。この小さな芽に希望を託し、未来へ
想いを巡らせるのです。

AIの本当の価値は時間差で訪れる

AIの価値を「球体」として捉える

　AIの導入は、その価値を数値化することがむずかしいだけでなく、周りを取り囲む副次効果が現れるタイミングも予測できません。1週間後かもしれないし、1年後かもしれません。いやむしろ、ほとんどの場合、短期的な成果は望むことができません。したがって、AI施策を成功させるためには、長期的な視点を持ち、粘り強く取り組み続けることが非常に重要です。

　AIをはじめとする先端技術の導入は、まさに未知への挑戦です。将来を見通すことはむずかしく、リーダーの「野生の勘」が試されます。将来生まれる価値を見極め、大胆にスタートダッシュを切れるかどうか。ここで重要なのは、AIの価値を「球体」として捉えられるかどうかだと思います。AIの価値は、単純な定規で測れるようなものではありません。その効果は、360度あらゆるステークホルダーに囲まれたなかで複雑に発生し、さらにその周辺領域へと波及していきます。それは、決して平面ではなく、三次元の球体なのです。つまり、従業員、顧客、取引先など、あらゆる関係者に対して、将来的にどのようなメリットが生まれるのか、鮮明に想像できるかどうかが勝負です。

　たとえば、ある企業がコールセンターの放棄コールを削減するために受電量予測AIを導入しました。このAIの導入により、顧客対応がスムーズになり、待ち時間が短縮されたことでお客様へのサービス品質が向上したことに加え、社内のコミュニケーションが活性化するという嬉しい副次効果も生まれました。この会社では、日々の受電量を1時間単位で細かく予測することに成功し、そのデータをコールセンター内だけでなく、社内全体に共有するという決断を下しました。これまで、コールセンターメンバーは多忙で、他の社員がミーティングに誘いにくかったり、定時後に教育・研修を設定する必要があったりと、コミュニケーションが

取りにくい状況でした。しかし、この予測データを公開したことで、コールが少ない時間帯を狙って打ち合わせやイベントを設定できるようになったのです。結果として、コールセンターの業務効率を保ちながら、ナレッジや経験を他部門にも広げる取り組みが可能となりました。このように、周囲の関係者にどのようなメリットを及ぼすか、想像を膨らませてみましょう。

また、AI施策の継続には、経営者の覚悟と本気度が不可欠です。担当の役員が替わるたびにAI施策の見直しが行なわれ、その都度、担当者が計画を練り直すようでは地に足の着いた活動が困難になります。たとえ、マネジメント陣が替わったとしても、継続的に本腰を入れて取り組む姿勢が求められます。そのためには、定期的に活動の「見える化」を行ない、将来的な青写真を見せながら、足元の具体的な施策を提示することが重要です。これにより、プロジェクトが長期的な視点で進められるだけでなく、意思が引き継がれ、長距離走でいうところの「給水」を行なうことができるのです。

そして、AIプロジェクトの成功には、現場のモチベーション維持が不可欠です。私の経験上、5年先や10年先を見据えた中長期の施策に集中していると、本業で稼いでいる部署から「楽しそうでいいね」と揶揄されることがあります。AIプロジェクトには、現状から少し背伸びをした発想が必要となるため、日常業務に従事している社員からはそのように見られるのも無理はありません。しかし、こうした言葉は拡散が速く、その渦に巻き込まれてメンバーのやる気が徐々に削がれていくことがあります。

このような状況に陥らないために、長期的なプロジェクトに加えて、短期的に成果が上がる施策を上手に組み合わせることが大切です。比較的早い段階で成果が出せる取り組みを「ロー・ハンギング・フルーツ（低い位置にある果物）」と称して、定期的に実行することを心がけます。そうすることで、現場の協力者も早い段階で利益を実感することができるため、全体としての納得感も高ま

ります。AI施策の成功には、このように短期と長期のバランスを取りながら、プロジェクトを進めていくことが求められます。「ロー・ハンギング・フルーツは何か？」を合言葉に、長いAI活用の旅を乗り越えましょう。

● 気持ちの変革（MX）の必要性

いま、世の中的には、テクノロジーを適切に活用し、ビジネスを活性化していくことに対して異論を唱える人は少数派です。しかし一方で、私が現場で見てきた光景は少し異なります。社員から本音を聞き出すと、「うちの部署に関係があるかどうかわからないけど、何か"やっている感"を出さないとね」という回答も少なくありません。はっきり口に出さないまでも、そのような心持ちで取り組んでいる人が現実には多いのではないでしょうか。とくに既存業務で忙しいミドルマネージャーやリーダークラスからこのような返答をされることが多い印象です。その気持ちは痛いほどよくわかります。働き方改革によって、裁量労働者の負担はますます増えている状況で、どうしてわざわざ自分たちが進んで追加の業務を提案しなければならないのか、と感じるのも当然です。

ここで言いたいことは、AIに限らず、技術活用を成功させるためには、MX（マインドセット・トランスフォーメーション）が不可欠ということです。技術活用に必要なことを一つ挙げろと言われたなら、間違いなく「DXの前にMX」と答えます。デジタルトランスフォーメーションがうまくいかなかった大きな理由の一つとして、社員のマインドセット、つまり気持ちが変わらなかったことがあると思います。なるべく多くの社員がテクノロジー活用を「自分ごと」として捉え、自ら率先して推進するような心持ちでなければ持続的な取り組みに昇華していきません。とくにAI導入・活用は長い道のりであり、長期戦なのです。モチベーションを維持し、決して単発の打ち上げ花火でない、一連の取り組みに

していく必要があります。そのためには、社員の気持ちのトランスフォーメーションが何よりも大切です。

さて、現場で感じた率直な意見を2つ述べたいと思います。

一つ目は、経営トップが身をもって示すことが思いのほか重要である、ということです。MXを社員に喚起するためには、まずは経営者自身がAIを知り、様々な形でAIに触れてみてください。コンサルタントなどからインプットされた情報をただ垂れ流しているだけではダメです。自らの行動で示し、自らの言葉で語るのです。AIを知らない人が、正しく自らの言葉でその重要性を語ることができるでしょうか。AIサービスを使ったことがない人が、正しく導入判断を行なうことができるでしょうか。経営者の本気度は間違いなく社員に伝わります。

二つ目は、社員の気持ちが変わるチャンスを意図的につくり出す、ということです。遊びの大切さと、「やっていいんだ」感の醸成です。有名な話ではGoogleの20%ルールがあります。これは、社員が業務時間の20%を自分の好きなプロジェクトに費やすことができるという制度です。いまでは世界中の人が使っているGmailは20%ルールから生まれたといわれています。業務とは直接異なる領域でも、社員が自分の興味のある分野で自由に活動できるため、モチベーションが高まり、より良い成果につながるとされています。

それぞれの企業が置かれている状況により有効な方法は変わりますので、共通のソリューションではなく個別解になります。そのなかでも、経営者が行動で示すことと、MXのチャンスを制度として取り入れること、この2つにはぜひチャレンジしていただきたいと思います。

●一緒に進める意識を持つ

新しい挑戦、とくにAI導入に取り組む際、プロジェクトを推進するチームにとっての味方が多いとは限りません。むしろ、

AI導入が進展するにつれて反対勢力が生まれることが少なくないのです。「AIによって自分の仕事が脅かされるのではないか」「これまでのやり方を無理に変えられるのではないか」と不安を抱き、結果的にそれが反対意見や抵抗として表面化します。

反対派が必ずしも目立った形で反対活動をするわけではなく、しばしば水面下でロビー活動を行ない、同調者を集めて組織内で影響力を強めていくことがあります。このような状況で、AI担当者を孤立させてはなりません。せっかくの計画が台無しになってしまうリスクが高まります。反対する人の気持ちもわかりますが、丁寧にコミュニケーションを図り、その気持ちに早く気づいて対処しましょう。

AI導入に限った話ではありませんが、ITや技術の話題になると、「君に任せた」と業務を丸投げするマネージャーが多い印象を受けます。また、企業の上層部が新入社員や全社員に向けて「期待しています」と語る場面もよく見られますが、実際のところ、社員のほうが経営陣に対して「リーダーシップを発揮してほしい」「具体的なサポートがほしい」と期待していることが多いのです。

私の経験からすると、50代後半以上のデジタルに不慣れなベテラン層よりも、現場をリードするミドルマネージャー層が反対を示すことが多いと感じます。本来、AIに最も関心を持ち、推進すべき立場であるはずのこの層がネガティブな反応を示すと、プロジェクト全体が一気に失速してしまいます。

ここで必要なのは、トップの覚悟と支援です。私自身、その重要性を痛感した実体験があります。若い頃、新しいデジタル技術の推進担当者に任命され、孤軍奮闘していた時期がありました。しかし、あるアプリケーションを開発しようとした際、営業部門やIT部門などの主要なミドルマネージャーから、予想外の強烈な反対を受けたのです。おそらく、私が会社の将来を見据えて提案した内容が、現場のリーダーたちの意図に反していたのかもし

れません。そのとき、私を救ってくれたのが当時の経営者でした。経営会議での一幕が、いまでも鮮明に記憶に残っています。社長はこう言ったのです。「いろいろと文句を言っている人がいるようだが、彼と私が一緒に進めていることだ。何か言いたいことがあるなら、私にも言いなさい」。この強力な援護射撃が、どれほど心強かったことか、いまでも忘れられません。

　AIやDXの推進担当者は孤独です。反対する人々とも丁寧に対話し、勇気を持って進んでいかなければなりません。時には、日中の打合せでは理解を得られず、懇親会の場でようやく説得に成功することもありました。担当者は皆が強靭なメンタルを持っているわけではありません。だからこそ、トップ自らが真の理解者、伴走者となって支えてあげてほしいのです。「あなたに任せた」ではなく、「あなたと一緒に進めている」という一言が、会社の将来だけでなく、その社員の人生にも大きなプラスの影響を与えることは間違いありません。

　後日談ですが、トップの積極的な関与のおかげでアプリケーション開発のプロジェクトは無事に成功し、企業全体に新たな風をもたらしました。いまは私がAI・DX推進者を勇気づける立場になりましたが、この経験を忘れず、「一緒に」という言葉の大切さを胸に刻んでいます。

● リスク思考が生む「静かな失敗」

　経営者が注意を払うべきはAI導入自体の失敗よりもむしろ、リスク思考から生じる「静かな失敗」です。AI導入に対してリスク面が過度に強調され、これを現場に任せきりにすると、意図せぬ形でダメージを受けることがあります。コンプライアンス部門やリスク管理部門が強すぎると、表に出ない「機会損失」が発生するのです。企業にはアクセル（推進力）とブレーキ（リスク管理）の両方が必要ですが、自然に任せるとブレーキ側が強まりがちです。その結果、複雑なルール化や過度なディフェンス志向が、

AI推進者の意欲を削ぎ、イノベーションの芽を次々と摘み取ってしまうのです。

この問題はしばしば水面下で起こり、経営者や部門トップがその事実を知らないまま進行することが少なくありません。「なぜ社員がチャレンジしないのか」と積極性の欠如を批判するリーダーもいますが、実際には、社員はやりたくてもできない状況にあるケースがほとんどです。指摘すべきは「攻めの弱さ」ではなく、「守りの強さ」かもしれません。経営者やリーダーは、オフェンスとディフェンスのバランスに細心の注意を払い、リスク管理が行き過ぎてイノベーションを阻害しないよう、常に目を光らせる必要があります。

新しいチャレンジには、どうしても新しいリスクが伴うのが常です。画期的な取り組みであればあるほど、「このリスクにはどう対処するのか？」、「誰が責任を負うのか？」のような質問が繰り返されがちであり、それだけで新しいイノベーションの芽が簡単に摘まれてしまいます。エンジニアにとっても、技術的なリスクを列挙し、スキームの不備を指摘するのは簡単な仕事です。もちろん、これらの議論は必要ですが、これを過度に行ない、意思決定の阻害要因にしてしまうことには注意が必要です。リスクをすべて取り除くのではなく、「とれるリスクは積極的にとる」という逆の発想ができるかどうかが勝負です。人間はどうしても、簡単で安全な選択肢に流れてしまいがちです。少しでも危険なものに対して「やらない」という選択が、最も楽な道ですから。

IT人材が転職を考える理由として、「社内で自由に開発環境がつくれない」「コンプライアンスが厳しすぎて柔軟に動けない」といったことが挙げられます。このことを経営者は軽視してはいけません。このような問題が会議の場で表面化することは少なく、経営者が知るのは最後の最後です。ときにはリスクをとってでも進むという判断ができるのは、経営者だけなのです。現場レベルではなかなか突破がむずかしく、ぜひ「過度なディフェンスから

守る」という観点でも、良き理解者となってあげてください。

　その際に重要な視点があります。経営者やリーダーから、守りの部門に対して「それを実行しなかったときのリスクは？」と問いかけていただきたいのです。つまり、機会損失についても同じく慎重に検討するようお願いしてください。逆のリスクです。何か問題が発生したときのリスクにばかり注目し、それを実行しなかったときのビジネス面でのマイナスに目が向かないことがあります。昨今の例でいうと、生成AIを導入するリスクよりも、早い段階で有効活用できないことの経営的ダメージのほうが大きいと感じます。この「逆側のリスク」の視点を持つことで、フェアな議論が進むことになります。ぜひ「実行しなかったときのマイナス面」についても言及するようにしてみてください。

● **アンサング・ヒーローを称えよ**

　アンサング・ヒーローとは、私たちの日常を支え、社会に大きく貢献しているにもかかわらず、その功績があまり知られず、正当な評価を受けていない人々のことを指します。いわば「縁の下の力持ち」です。私自身、その重要性を新人時代に痛感した経験があります。

　「俺たち、まるでIT蟹工船だよな」。これは、かつて私と一緒にITインフラを担当していた先輩が漏らした言葉で、いまでも忘れられません。小林多喜二が著した『蟹工船』に描かれた過酷な労働環境を、自分たちの状況に重ねた言葉でした。当時、クラウド技術がまだ普及しておらず、私たちはデータセンターで物理的なサーバやネットワーク機器を自ら構築していました。巨大な冷却装置が稼働するデータセンターのなかは、真夏でも極寒で、作業中にはセーターを着込む必要がありました。寒さで手がかじかむなか、コマンドを入力するのも一苦労だったことをいまでも覚えています。

　また、徹夜でのシステム構築が日常茶飯事だったその時代、仲

間同士で「寝るな、頑張ろう！」と声を掛け合いながら作業を続けていました。このような厳しい環境のなかで、自然と「蟹工船」という言葉が出てきたのです。

現在では、自社でITインフラを運用することは少なくなり、当時のような物理的な作業はかなり減っています。しかし、システムメンテナンス時にはいまでも業務に影響を与えないよう、休日や夜間に作業が行なわれます。とくに、システム更新がうまくいかなかった場合には、元に戻すための「ロールバック」という処理が必要となり、時間に余裕を持った作業計画が欠かせません。そのため、たとえITインフラを外部委託していたとしても、事業会社のIT運用部門は24時間体制での待機を余儀なくされます。また、作業自体も非常に慎重さが求められ、一つのミスが大きなトラブルにつながる可能性があるため、精神的な負担が大きい仕事です。

私自身、インフラからアプリケーション開発まで、ITシステムの様々なレイヤーでの業務を経験してきましたが、とくにインフラの仕事は、コマンド一つの間違いが重大な影響を及ぼすため、精神的に最も厳しいものでした。また、インフラ担当者はその重要性に反して、評価されにくいポジションであることも身をもって実感しました。こうした業務に従事する人々の存在こそが、企業の基盤を支えていることを忘れてはなりません。

しかし、新しいことにチャレンジすると、その推進者だけが脚光を浴び、こうした縁の下の力持ちの存在が見過ごされがちです。真に経営者が注目すべきは、陰ながら支える功労者、すなわち「アンサング・ヒーロー」なのです。こうした基盤系の技術を扱えるエンジニアは非常に貴重であり、一度失ってしまうと再び採用することがむずかしいことも併せてお伝えしておきます。とくに、長年インフラを担当している社員は、社内システムやその運用に関する知識が深く、彼らが退職することで、システムの維持が一気に危うくなるリスクがあります。さらに、この業務は高度

な専門知識が求められる分野であり、非専門家を簡単にインフラエンジニアとして登用することは現実的ではありません。

　私が尊敬する経営者が、ITプロジェクトを「皿回し」と表現していました。顧客サービスのような目に見えるシステム開発ばかりに注力すると、基幹システムやオフィスインフラなど、ビジネスの根幹を支えるシステムが疎かになってしまうことがあります。経営者や部門トップは、皿回しのように全体を見渡し、弱っている部分に適切な支援を行なうことが重要です。そうすることで、企業全体が安定し、AIプロジェクトも安心して推進できるのです。

　その経営者は、決してITに詳しいわけではありませんでしたが、人間観察力に非常に優れていました。深夜対応しているIT部門に気を配り、全社向けスピーチで個人名を挙げて労をねぎらったり、ランチ会に誘ったりと、「あなたの働きをしっかり見ている」というメッセージを行動で示していました。これにより、インフラエンジニアたちもその経営者と積極的にコミュニケーションを取り、新しいアイデアを次々に提案するようになりました。私はこの経験から、経営者が社員を鼓舞し、心のこもった行動をとることが、ITの専門知識以上に重要であると強く感じています。また、社内で表彰制度を設ける際も、目に見える成果を上げた人だけでなく、日々の地道な努力を続けている人々にも光を当て、評価する文化を形成することが大切です。そのような取り組みこそが、全社的なITスキルの向上に寄与するのです。

COLUMN

選びとる力

　テクノロジーに携わっていると、子育て世代の方からよくこんな質問を受けます。「プログラミングは小さいうちから学ぶべきですか？」。私の返答はいつも決まっています。「プログラミングは手段ですので、お子様が興味をお持ちであればぜひ学ばせてみてください」。むしろ私はそれよりも、今後のAI時代において、大切なことがあるような気がしているのです。そのため、同時にこのようなアドバイスも行ないます。「現実世界でたくさんの体験を通じて、『選びとる力』を養うことが大切です」。それはなぜでしょうか。

　これからAIはどんどん進化し、きっと驚くようなことが起こるでしょう。直近で起こる変化として、いままではプログラムを通じて機械と会話をしてきましたが、今後は自然言語といわれる私たちが普段話している言葉で処理可能になります。すでにChatGPTをはじめとする大規模言語モデルを使わずにコードを書く世界には戻れません。つまり、エンジニアではない人がプログラミングという魔法を簡単に使えるようになり、アイデアのカンブリア爆発が起こると考えています。ですから、プログラミングの中身を知ることも大切なのですが、様々な情報を統合してアイデアを積み上げる、いわば「クリエイティブなジェネラリスト」のような能力が重宝されるはずです。そのためには、子どもの「好き」を信じて、様々な実体験を重ねさせることが、将来大きな価値になって返ってくると考えています。

　また、「AIにはこれができない、あれができない」といった技術の欠点を理解することも大切なのですが、それは時間軸の問題であり、将来的にはそのほとんどが解決されていくと思います。これまでもAIは度重なる冬の時代を乗り越え、社会にとって有益な技術へと進化を遂げているのです。ただ、唯一、どんなにAIが進化しても、これだけはむずかしいであろうということがあります。それは、「選びとる」ことです。

　AIは過去データに基づいてパターンを学習し、統計的に最適と思われる「案」を提示してくれます。しかし、その案から、進む道を選択したり、優先順位を決めたり、意思決定を代行してくれるわけではありません。最後に決めるのは人間であり、AIは私たちの代わりに物事を前に進めてくれるわけではないのです。そして、その選択は、それぞれの人の実体験、過去の反省

など、人生で培ってきた価値観から行なわれるもので、決して統計的な共通解はありません。つまり、どんなに優れたAIが登場しても、私たちは自分の「軸」をもとに決断して、前に進んでいかなければならないのです。

その判断の「軸」を磨くためには、日々の生活が大切だと考えています。バタフライエフェクトという言葉をご存知でしょうか。ブラジルで羽ばたいた蝶々の微細な風が、海を越えたアメリカのテキサスで竜巻を引き起こしているのではないか、という理論です。科学的には、わずかな初期入力の違いが、将来大きな影響を及ぼすということが度々発生します。

私たちは、人生における岐路は、就職や結婚など特定の瞬間だけだと思っています。本当にそうでしょうか？　実は、日常の小さな選択にも人生を決める要素が隠れているかもしれないのです。人は1日に3万回以上も何かしらの決断をしていると考えられています。この選択の一つ一つがバタフライエフェクトを引き起こすかもしれないのです。ですから、自分の価値観ともいえる「軸」に従って、些細なことをしっかりと選びとり、日々大切に生きることが重要だと考えています。

そして、子どもが未熟なうちは、親の姿、立ち振る舞いがそのまま子どもたちの「軸」になっていくような気がします。教育論を述べるほど出来た人間ではないのですが、子どもに正しく「選びとる力」を養ってもらうためにも、私自身が誠実に、周りに感謝しながら生きていこうと心に誓っています。

✦ あとがき

　AIについて語るときに、真っ先に思い浮かぶフレーズがあります。それは「変わらないものを見極める」ということです。この流れの激しいAI時代にとって、変わっていくものよりも、むしろ、変わらないものを見極めることのほうが大切だと考えています。なぜなら、技術革新は時に、人間が本来持っている根源的な欲求を置いてきぼりにするからです。

　人間の進化は極めて遅く、体の構造や五感、知覚機能は何万年も変わっていません。一方で、技術の進展は「蓄積型」であり、積み重なっていくのであっという間に進んでしまいます。この遅い人間の進化と、急速なテクノロジーの進展の間に大きなギャップがあり、そこに大切な本質が隠されてしまうのです。そして、その本質を満たすことは予想以上に、地味で、大変で、泥臭く、時間のかかるものです。AIがそのすべてを満たすことはあり得ません。

　いま現在、AIはあくまで道具です。人間の代わりにはなり得ません。一方で、この道具は社会全体を変えてしまうような大きなパワーを持っています。ですから、私たちはどのような職業であっても、変わらないものを見極めて受け継ぎ、AIとともに生きる未来を創造していく必要があります。そのためには、一人ひとりがAIの本質を理解し、真実を見る眼（私は真眼と呼んでいます）を身につけることが大切です。そして、そのAIに対する真眼を身につけることができれば、きっと、変わらないものの輪郭が明確になり、自らの役割や使命を見つけることができるはずです。私たち人間がすべき重要なことを再確認することができると信じています。

　AIはこれからもどんどん進化していきます。本書に書かれた

ことが時代遅れになる日も遠くはないでしょう。しかし、本書で身につけたAIに対する真眼を手に、どんなにAIが進展しても揺るぎない気持ちで胸を張って働いてほしい。そして、長く、長く、活躍してほしい。そう強く願いながら本書を締めたいと思います。読者のみなさまとどこかでお会いできることを楽しみに私も頑張ります。

豊島 顕（とよしま あきら）
ソニーフィナンシャルグループ株式会社 テクノロジーセンター ゼネラルマネジャー
Corporate Distinguished Engineer
東京理科大学 大学院理工学研究科修士課程を修了後、IT企業等を経てソニーライフ・エイゴン生命保険株式会社（現ソニー生命保険株式会社）に入社。その後、ソニーフィナンシャルグループ株式会社にて先端技術の研究開発をリード。現在はソニーグループのトップエンジニアに与えられる称号「Corporate Distinguished Engineer」に任命され、ソニーの技術の顔として活動中。

ソニーのトップエンジニアが教える
中堅・中小企業のためのAI導入・活用の教科書

2025年2月20日 初版発行

著 者 豊島 顕 ©A. Toyoshima 2025
発行者 杉本淳一

発行所 株式会社日本実業出版社 東京都新宿区市谷本村町3−29 〒162-0845
　　　　編集部 ☎03-3268-5651
　　　　営業部 ☎03-3268-5161　振 替 00170-1-25349
　　　　　　　　　　　　　　　　https://www.njg.co.jp/

印 刷／堀内印刷　製 本／若林製本

本書のコピー等による無断転載・複製は、著作権法上の例外を除き、禁じられています。内容についてのお問合せは、ホームページ（https://www.njg.co.jp/contact/）もしくは書面にてお願い致します。落丁・乱丁本は、送料小社負担にて、お取り替え致します。

ISBN 978-4-534-06167-6　Printed in JAPAN

日本実業出版社の本　経営関連書

好評既刊!

下記の価格は消費税(10%)を含む金額です。

西口 一希 著
定価 2200円（税込）

手塚 貞治 編著
定価 1870円（税込）

滋賀大学データサイエンス学部 編著
定価 2530円（税込）

山崎 伸治 著
定価 2420円（税込）

森 憲治 著
定価 1870円（税込）

西田 雄平 著
定価 1870円（税込）

定価変更の場合はご了承ください。